后浪

不确定宣言

凡·高画传

［法］费德里克·帕雅克——著

陆一琛——译

四川文艺出版社

图书在版编目（CIP）数据

不确定宣言：凡·高画传 /（法）费德里克·帕雅
克著；陆一琛译 . -- 成都：四川文艺出版社，2023.4
　　ISBN 978-7-5411-6384-5

　　Ⅰ . ①不… Ⅱ . ①费… ②陆… Ⅲ . ①凡高 (Van
Gogh, Vincent 1853-1890) —传记—画册 Ⅳ .
① K835.635.72-64

　　中国国家版本馆 CIP 数据核字 (2023) 第 028348 号

MANIFESTE INCERTAIN VOLUME 5, by Frédéric Pajak
© 2016 Noir sur Blanc, Lausanne
Text translated into Simplified Chinese © 2023 Ginkgo (Shanghai) Book Co., Ltd
This copy in Simplified Chinese can be distributed throughout The World, hereby excluding Hong Kong,
Taiwan and Macau.
Simplified Chinese language edition published by arrangement with Noir sur Blanc, through The Grayhawk
Agency

本书简体中文版权归属于银杏树下（上海）图书有限责任公司
版权登记号：图进字 21-2022-432 号

BUQUEDING XUANYAN: FANGAO HUAZHUAN

不确定宣言：凡·高画传

[法]费德里克·帕雅克 著

陆一琛 译

出 品 人	谭清洁
选题策划	后浪出版公司
出版统筹	吴兴元
编辑统筹	周 茜
责任编辑	李国亮 王梓画
特约编辑	雷淑容 张朝虎
责任校对	段 敏
装帧制造	墨白空间·杨阳
营销推广	ONEBOOK

出版发行	四川文艺出版社（成都市锦江区三色路 238 号）
网 址	www.scwys.com
电 话	028-86361781（编辑部）

印 刷	天津图文方嘉印刷有限公司		
成品尺寸	172mm×240mm	开 本	16 开
印 张	15.5	字 数	130 千字
版 次	2023 年 4 月第一版	印 次	2023 年 4 月第一次印刷
书 号	ISBN 978-7-5411-6384-5	定 价	72.00 元

目 录

前 言　　　　　　　　　　　　　　　　　　　2

我忘了文森特　　　　　　　　　　　　　　　6

童年时代，青年时代，愤怒　　　　　　　　11

"宝贝沙龙"　　　　　　　　　　　　　　　50

我就是那条狗　　　　　　　　　　　　　　72

躁　动　　　　　　　　　　　　　　　　　123

"我们想要更为音乐化的生活"　　　　　　147

"在他敢于直面太阳的傲慢中"　　　　　　189

悲伤将持续一生　　　　　　　　　　　　　212

文森特　　　　　　　　　　　　　　　　　237

资料来源　　　　　　　　　　　　　　　　240

注　释　　　　　　　　　　　　　　　　　241

出版后记　　　　　　　　　　　　　　　　247

前　言

　　我是个小孩，大约十岁。我梦想写一本书，把文字和图画混杂在一起。一些历险，一些零碎的回忆，一些警句格言，一些幽灵，一些被遗忘的英雄，一些树木，以及怒涛汹涌的大海。我积攒着句子与素描，晚上，星期四下午，尤其是犯咽炎和支气管炎的日子，独自一人在家里，自由自在。我已经写画了厚厚的一沓，却又很快把它们毁掉。书每天都在死去。

　　我十六岁。我进了美术学校，我很烦闷。六个月后，我离开了那里，毅然决然。我烧掉全部画作：它们不像是我所梦想的书。

　　我成了国际列车卧铺车厢的列车员。那本书突然就于深夜出现在了一列火车中，那是在跟一个彻夜无眠的旅客好几个小时的闲聊之后。凌晨，在罗马火车站附近的一个咖啡馆里，我有了这个题目："不确定宣言"[1]。在那个时代，意识形态到处存在，左派分子，法西斯分子，各种确定性在一个个脑袋里打架。意大利受到种种恐怖袭击的威胁，大家都认定是无政府主义者干的，实际上却是秘密警察所操纵的新法西斯主义者小团体干的。而他们的资助者呢？有人说是基督教民主党的高层，有人说是共济会的宣传二处[2]，甚至还有人说是美国的中央情报局。彻头彻尾的一派大混乱。在工厂中，工人全面自治已成为日常秩序。所有的政党都焦虑不安。如何让工人阶级闭上嘴？恐怖主义显然成了反对乌托邦的最佳药方。

　　在一份小报上，我发表了一篇很短的故事，它的题目就已经叫作"不确定宣言"了，那是一种以青春过失为形式的模糊尝试。那时候我住在瑞士。我离开了瑞士，我一个人去巴黎郊区的萨尔塞勒过暑假。在这个整个八月都是一片荒凉的小城镇中，在一个塔楼群的脚下，有一家酒吧，那是街区中的唯一一家酒吧。去酒吧的只有北非人。和他们有一些接触之后，我就下定决心立刻前往阿尔及利亚，去寻找我的《宣言》。不过，那却是另外一个故事了。那时候，我的书重新成形，也就是说，它重新形成为一篇枯燥乏味的草稿：那是一个孤独者的精神状态，对爱恋之苦的抽象报复，对意识形态、时代氛围、逝去时光的哀号。

我在巴黎安顿了下来，住在皮加尔街42号的顶层楼上，一间小小的两居室。始终孤单一人，没有女人，没有朋友。一年的孤独、悲惨。我没有钱，没有工作。我想尽办法发表绘画作品，但遭到所有报刊编辑的拒绝："商业价值不够。"这一理由，我将会反复听到，在巴黎，在欧洲，尤其在我将去生活一段时期的美国。我成了乞丐，好几次。所有金钱关系都是反人性的罪恶。

我用中国墨来画画，但我也用水粉颜料来表现长着人类身子的怪鸟，它们踩着滑雪板，在小小的公寓中要飞起来。我写一些很短的叙事作品，有时候短得仅仅只有几行。我毁了一切。《宣言》在没完没了地死去。

一年又一年过去，我四十岁了。我在一家出版社出了第一本书。这是一次惨败："商业价值不够。"四年后，又出版了一本新书，然后，新书接二连三地出版，奇迹般地畅销。它们每一本都是重新找回《宣言》的一种尝试，但是，每一本都与它失之交臂。于是，我重拾《宣言》，我隐隐约约地知道，这事情根本就没有完结。我拾取好几百页的笔记本：报纸的片段，回忆文字，阅读笔记。然后，一幅幅图画积累起来。它们如同档案馆的图像：复制的旧照片，照着大自然临摹的风景，种种奇思妙想。它们经历着各自的生命，却什么都不阐明，或者只是阐述一种模糊的情感。它们进入图画盒，而在那里，它们的命运还不确定。对于字词也是同样，小小的微火，就像黑色书页上的洞。然而，它们凌乱地向前，贴到突然出现的图画上，形成一些到处凸现的、由一旦借到便永不归还的话语构成的片段。伊西多尔·杜卡斯[3]写道："剽窃是必需的。进步要求剽窃。它紧紧地抓住一个作者的句子，采用他的表达法，抹去一个错误的想法，代之以正确的想法。"这话说得英明至极。瓦尔特·本雅明[4]说得也同样精彩："我作品中摘录的语句就像是拦路抢劫的绿林强盗，它们全副武装地从斜刺里杀出，把闲逛者所相信的一切都夺走。"我们总是要借用别人的眼睛，才会看得最清楚。为了更好地说出痛苦与怜悯，基督与圣母被世人抄袭和剽窃多少遍？

孩提时代，我在书本的梦幻中寄放了后来将成为回忆的东西。而现在，我依然有强烈的历史感，在学校的长椅上，我清楚地听到了奴隶们在雅典街道上的哀叹，战败者从战场上走出来时的悲号。但是，历史在别处。历史是学不会的。历史是整个社会都必须体验的，不然就会被抹去的一种情感。战后的一代人因为重建了世界而失去了历史的线条。没错，他们是重建了世界，他们也让和平降临在大地上，宛如长长的一声叹息过后，就忘却了苦难的时代。现在，我们还生活在这和平的残余中，而正是带着这些残余，我们即兴创造一个社会，一个抹去了以往许多社会的社会，一个没有了记忆的社会，就像那个美国社会，它为我们规定了要哪一种和平，至少是规定了和平的面具。今天的和平是完全相对的，因为它靠那些发生在远方的、地区性的战争滋养着，而那些战争与我们拉开了距离，体现出令人绝望的种种景象。

但是，有另一种战争在啃噬着我们，却从来没有正式爆发过：这就是"使时间消失的时间战争"，是由一种现在时态所进行的战争，而它被剥离了过去，并被粉碎在不可信的、灿烂的或幻灭的未来之中。现在时态失去了过去时态的在场，但过去时态并不因此而彻底消失——它延续在回忆的状态中，一种无生气的，被剥夺了话语、物质以及现实的回忆。现在时态把时间变成了一种空洞的时间，悬浮在一种根本找不到的历史之中，而这空洞充满了一切，并展开在一切可能的空间中。或许正是因为这空洞的自我完成，某种东西才会突然出现，就仿佛那消逝的时间应该让位给另一种时间，一种前所未有的时间。从此，被冠以"现代性"之名的现在时态就有了完成生命进程的可能性。或者不如说：现在时态应该不惜一切代价地插入到它那重构的过去，以免让自己沦落到被遗忘的境地。这是哲学家科斯塔斯·帕帕约阿努[5]的郑重警告："现代性正是以一种纯粹而又专一的人类经验的名义，肯定了现在对过去的优先权。人类时间明确地脱离了物理或生理时间的支配。它不再按照天体运转或者生命循环的样子，描画出一个圆圈的形象。它从自然中摆脱出来，解放出来，它所包含的只有对物质上的那些新因素的唯一承诺：它所传达给意识的，再也不是星辰与季节那永恒不变的秩序，而是简化为人的自身、人的孤独、人的未完成状态的形象。"

历史总是愚弄我们，因为事后证明它总是有道理的。它可以完美地变成一出反对现代性和科学的开放式战争戏剧，而科学全然在它的统治之下——正如威廉·福克纳[6]所说，科学是一张"不可亲吻的危险的嘴"。

以碎片化的方式，唤回被抹去的历史和对时间的战争，这就是我创作《宣言》的目的。本卷由此开启，而其他各卷将以不确定的方式展开。

我忘了文森特

　　至于凡·高，他超凡脱俗，但有些疯癫，正如那些我所钟爱的人，他们始终处于社会条框和庸俗日常之外。这些人并不多见。当我们有幸遇上其中一位，我们应该不厌其烦地想起他，爱上他。他将我们洗净，使我们走出日复一日、难以自主的庸常。唉！对于这些艺术家或作家而言，艺术与文学仅是创作之举。

——保尔·莱奥托[7]，《文学日记》，1905

我忘了文森特。尽管在他割耳后嘴叼烟斗的自画像前，我曾如此激动：凡·高无动于衷的眼神诉说着疯狂过后的冷静。我曾如此激动：被一望无尽的土路打断的麦田、急欲爆发的天空、如黑十字架一般的乌鸦，划破了这片看似静谧的风景。

　　我忘了文森特。即便在博物馆里，他不断在我眼前重现，随之突现的亮光总使我睁不开眼。他画中的南法使我喘不上气：那么厚的颜料、那么多的色彩、那么炽烈的阳光。

　　不久前，我碰巧看到了一幅画。画上是一片边界模糊的空地，空地上堆放着车厢和铁轨。这是一幅凡·高晚期的作品，创作于1888年。当时，他在阿尔勒[8]发现了卡马尔格[9]芦苇，并将其浸在墨水中。我在那片天空前驻足。朴实无华的构图，天空由许多看上去各不相同而间隔开的小点构成，看似源于单纯的突发奇想。那是一片无云的天空，因小点而显得沉重，也因小点而变得轻盈。这样的天空源于南法难以忍受的炎热天气，还是源于凉爽的浅蓝色天空？我对此一无所知。天哪，那天空里满是小点！

　　我曾想象过文森特手持削过的芦苇秆认真地在这小小的画纸上画满斑点的情形。从这里，我见识了既谦逊又博大的绘画技术。在这远离精神错乱、潜心完成的画作上，我也看到了画家内心的平静。借助简单的芦苇和些许乌贼墨，凡·高开始投入对他而言全新的主题：柏树、橄榄树、向日葵以及所有满溢阳光的风景。他革新了他的素描，全新的素描也是他油画的预兆或延续。因为素描的笔触像极了油画笔，下笔急切且坚定。卡马尔格芦苇不仅仅是凡·高新发现的、令他忘记了先前使用的铅笔和木炭条的作画工具，还彻底改变了他的视角。

正是因为这幅画，这幅布满谜一般小点的画。还有凡·高短暂而又痛苦的一生。读他的《信》，我不断忆起他对自身看法的坚持。他坚决认为自己是"一无是处"之人：失败者、边缘人、被遗弃者、拾荒者。那个被历史抛弃的悲惨世界，他为其存在而喊叫。凡·高的一生见证了人性中最不堪、最应受到指责的那部分真相。还有什么需要补充的？关于文森特·凡·高的一切已被道尽。但我仍然需要在他的陪伴下生活上一阵子。我不需要替他发声，但我需要在他身上迷失自己，为的是更好地将其寻回，为的是不再将他遗忘。永远。

***

圣玛丽－德拉梅尔[10]，2016年2月9日。——[11]海边小餐馆，糟糕的贻贝和卡马尔格公牛肉。阴沉的冬日天空，如脏床单一般。这里的建筑奇丑无比，不伦不类。先前石灰刷白的窝棚不复存在。这彰显着度假小屋的胜利。人民有勇气砍掉掌权者的头颅，但他们的代表却没有胆识重建这个国家，赋予其特色，并以难以置信的全新建筑来替代先前的宫殿与城堡。法国像自以为成年的孩子一样自毁容颜。在办公室，在市政厅，专家和民选代表们决定着城市及其郊区的审美。对这样或那样的公共建筑、城区规划和圆形广场做出评判。当然，没有任何一样能使城市变得更美。只有古老的钟楼和城墙还保有些许美感。先前的广场和小巷被如此热情地刷上了瓷漆，竟失去了真实感。被商店毁掉的市中心了无生气。无法翻新的都被拆除了。人们在过去的废墟上建起了当代怪诞的布景。但这样的拆解也不乏优势：人行道被清扫干净，公共广场处于监控之下，城市住宅也很实用。虽然这无法激发任何人的热情，但也无人抱怨——所有人都默许了市政厅的指令。然而，每个人都试图在过去的荣光里寻找避难所，坚持以此来遗忘他们所处的时代。他们成群结队在老教堂里寻找古老的静谧氛围，他们集结在博物馆，杵在凡·高的画作前。如果没有文化工业对凡·高的过度颂扬，这些人还会如此在意他的画吗？为什么以前还无动于衷的公众转眼间就被他的画感动了？他们是真的感动了，还只是恪守被重新定义的成规？

我们需要见识下这群爱凑热闹、欲在乌鸦起舞的麦田里涤荡灵魂的人。他们啃食着画家的苦难和狂喜，然后打道回府。他们在凡·高受惊吓的眼神中寻找什么？又找到了什么？或许是眩晕时刻他们内心的一阵恐惧。他们脑海中满是画家的不幸，以至于忘记了画家的作品。画家的遭遇使他们分心。人们说，凡·高疯了，而疯狂使人着迷。凡·高的疯狂因他的盛名而失去了杀伤力。人们对凡·高的真相一无所知，却因他的光环而神魂颠倒。凡·高触及了我们内心的最深处。他唤醒了我们灵魂中未经触动的地方。他在我们肺腑处挖掘，在我们赤身裸体之时突然出现。

他活着的时候只卖出过一幅画，卖给了一位女士。多英勇的买家，她将市场优先权抛在了脑后。可她的选择不是任意的，她买下的是《阿尔勒的红色葡萄园》[12]。画面上是妇女们在骄阳下热火朝天采摘葡萄的场景。这幅画并没有受到收藏家们的青睐。凡·高从未在意过他们，他作画也不是为了被收藏。不，他作画是为了以轰动的方式进入伟大的绘画史。他召唤着后世，不带一丝傲慢与犹豫。他想成为两代画家之间的摆渡人，连接着如德拉克洛瓦[13]、柯罗[14]、米勒[15]等新古典派画家和那些肯花时间琢磨他遗产的继承者。他坚信能够载入史册，这样的信心给了他活力，使他能够忍受别人的冷漠、鄙视、挖苦和拒绝，还有极度的贫困与孤独。他从不相信自己的天赋——他认为自己几乎没有天分——但他笃信自己的命运。更确切地说，他相信只要坚持，他就能领会绘画的奥秘之一：色彩。他试图制服桀骜不驯的色彩，迫使它们在这场互补的战争中针锋相对。在他之前，这样的战争从未进行得如此彻底。这幅画出自一位疯子之手？不，创作它的人非常理性，他知道如何避开那个年代的画作中以装饰性为重的歧路。凡·高甚至没有蔑视那些"好品味"的拥护者。当他自己是画商时，他近距离观察过这些人。他们的冷淡和狭隘曾数次激怒过凡·高，但他从未向他们提出过任何要求，也从未给予过他们任何东西。他深知自己与他们之间存在怎样的隔阂。他很有远见，确切地说，他与那些被占有欲裹挟、追求物质享受的小资产阶级正好相反。支配凡·高的全然是别的东西。

童年时代，青年时代，愤怒

　　在位于荷兰北布拉班特 [16] 省格鲁特 – 津德尔特镇 [17] 的教士住所里，一个才六周大、名为文森特的婴儿去世了。整整一年后，即 1853 年 3 月 30 日，第二个文森特诞生了。这位文森特·威廉·凡·高出身高贵。在他之后，家里又出生了五个孩子，两个男孩，三个女孩，分别是安娜·科尔内利娅、提奥多鲁斯、伊丽莎白、威廉明娜和科内利斯·文森特。或因恪守成规，或因缺乏想象力，孩子们被冠上了父母或祖父母的名字。

　　凡·高的母亲原姓卡尔邦杜斯，名叫安娜·科尔内利娅，但人们都叫她莫。
她的一位祖先曾是乌得勒支[18]的主教。卡尔邦杜斯家族中，其中一个女儿患有癫
痫，唯一的儿子后来自杀了。她的父亲五十三岁时死于精神疾病。

父亲姓凡·高，名提奥多鲁斯，又被称为多鲁斯或帕。

他是格罗宁根宗派[19]的信徒。他的父亲是位杰出的牧师，他自己也是牧师。但提奥多鲁斯没有任何演说天赋。他吐字不清，充满教条主义且晦涩难懂的宣誓没完没了。因此，他被打发到了农村的堂区。他的大儿子也和他一样口才不好。

　　文森特是个不守规矩且易怒的孩子。他经常发火，令人难忘的怒火。他个性孤僻，只要一有机会，他就跑去离家和村庄很远的地方：灌木丛和小溪边。大自然给了他很大的慰藉。他捡拾金龟子，并把它们关在广口瓶中。这或许是他的第一个爱好。

　　和比自己小四岁的弟弟提奥在一起时，他扮演着父亲般的保护者角色。他逃出去玩耍时也带着弟弟。

　　母亲莫想给孩子们最好的教育，就和她自己曾经接受的教育一样。女孩子学钢琴，全家人手持乐谱一起唱歌。她还教孩子们素描和水彩画。她画画，尤其喜欢画花束，如玫瑰花、风信子、香豌豆、勿忘草和紫罗兰，但没有一丁点儿天分。她认为画画不是个消遣，而是一种训练。她花了很长时间陪文森特画画。但文森特没有什么自由，他只能描摹母亲的画，然后上色。

　　他母亲还要求他临摹绘画教程、版画选集以及圣经里的插图。事实上，文森特小时候的画作已经很成人化了。从这些画里倒看不出笨拙，更多的是束缚——画作缺乏自发性和想象力。

　　文森特十一岁了。令他绝望的是，他的家人把他送去了寄宿学校。他将永远记住父母在学校前的草坪上将他抛下的情景：父母坐上一辆黄色的小车，行驶在下着雨的公路上，路边是挤挤挨挨的细树。水洼倒影中的天空灰蒙蒙的。汽车是鲜亮的黄色，也是第一抹伤感的颜色。

　　寄宿学校是前后的时间分界。寄宿之前是无忧无虑的日子、温暖的家庭、慈母的宠爱、父亲的关注、一大群兄弟姐妹，以及和提奥一起出逃玩耍的时光。寄宿后只有孤独。一切对他而言都很陌生。他长时间漫步穿行在田野。

　　只要有可能，文森特就在外面游荡，离寄宿学校越远越好。

　　在班级里，尽管他很听话，但表现平庸。同学们都笑话他。他们嘲笑他的举止，因为文森特思考和行事的方式与他们不同。有一位同学这样忆起他："他看上去总是心不在焉，或处于深思状态，表情严肃或忧郁。但他笑起来时，笑容总是发自内心的，十分开朗，整个面容也亮了起来。"

　　他对任何事物都未表现出特别的兴趣，看上去很早熟，而且在语言学习方面有点天赋。很快，他学会了英语、德语和法语。

　　两年后，他换了学校，进入位于蒂尔堡的威廉二世皇家学院。他和同学几乎没有往来。那些漫长的独处时光，他用来背诵法文、英文和德文的诗歌。即便无聊透顶，他依旧没有学坏。被录取时，在那届学生中他排名第四。

　　这所只面向上流社会的学院要求很严格。他的绘画老师名叫康斯坦丁·伊斯曼，曾经出过一本很现代也很受欢迎的绘画教材。在他看来，实用艺术是促进社会经济发展的必要学科。

　　伊斯曼的教学法被认为具有革命性，但文森特并没有太在意。1868年3月，文森特永久地离开了学校。那年他十五岁。他回到父母那里，待了好几个月。他不知道干哪一行，他在职业选择方面没有任何意向。他有时会画点画，但纯粹为了消磨时间。他的画依旧是母亲画作的翻版。

　　现在，家里催着他：不能什么事儿都不干，必须得养活自己。他的伯父文森特·凡·高，也被称为申特伯父，是艺术经销商的合伙人，也是阿道夫·古皮尔[20]的版画出版商。古皮尔公司在巴黎的商店位于卡普塔尔大街 9 号，有五层楼，里面有数量众多的画廊和奢华的沙龙。

　　古皮尔公司是个集团公司，在伦敦、布鲁塞尔、海牙、柏林、维也纳和纽约都有分公司。1869 年 7 月，经过深思熟虑，文森特的父母把他送去了古皮尔集团位于荷兰海牙的分公司，这也是古皮尔最负盛名的分支之一，文森特成了那里的职员。

　　申特伯父住在布雷达[21]的普林森哈格。他在那里建了一个私人画廊，用于存放他的藏品。他富裕且没有子嗣。他在讷伊[22]买下了私人公馆，每年夏天都会去蓝色海岸度假，下榻芒通大酒店。他买下巴比松派[23]画家们（包括让－弗朗索瓦·米勒）的画作，并鼓励荷兰艺术家效仿这些作品。文森特和伯父的关系非常好。他伯父有周期性发作的神经性抑郁症，而且发作期间无法工作。在申特伯父和其他家族成员眼里，文森特就是伯父的接班人，甚至是继承者。

　　文森特的另外两位伯父和叔叔也是艺术品商人：亨德里克·凡·高在布鲁塞尔；科内利斯·凡·高在阿姆斯特丹。凡·高家族在艺术品交易领域很有影响力，他们的名声超越了国界。

　　在海牙，文森特的老板名叫赫尔曼纳斯·海斯贝特乌斯·特斯特格，简称为H.G.[24]。他二十四岁，是个各方面都很完美的年轻人：长相俊美，举止高雅，积极敢干，从不隐藏自己的野心。文森特有些仰慕他，但他们的关系始终比较疏离。

很快，在商店里，文森特被认为是出色的，甚至是最优秀的销售员。顾客们都找他。他知道怎么说服别人。他给出的理由很吸引顾客，而顾客们又带来了他们的朋友和其他感兴趣的人。文森特爱上了绘画，并专心地阅读艺术史类书籍，还有荷兰以及其他地方的展览宣传手册。他贪婪地阅读艺术杂志，对艺术市场的走向了如指掌。他最喜欢的是画家们的专著，他会说："一般说来，我关注艺术品本身，同样关注创造艺术品的人，尤其是艺术家。"

画廊什么都卖：蚀刻版画、石版画、照相版画、摄影作品，甚至艺术理论书籍。那些喜爱历史场面、唯美风景、静物和圣经故事的公众争相购买艺术复制品。文森特家中的墙面上也满是这样的复制品。他被这些版画和复制品围绕，并始终保留着这样的习惯。

放假的时候，他去莫瑞泰斯皇家美术馆参观，在那里他发现了维米尔[25]。他还前往阿姆斯特丹欣赏弗朗斯·哈尔斯[26]和伦勃朗[27]的画作，去比利时观看早期弗拉芒画派[28]的绘画，还去了安特卫普[29]看鲁本斯[30]。但大部分星期天，他都在海牙上流社会聚集的席凡宁根[31]海滩上度过。他独自在海滩上闲逛很久。

1871年2月，他的家人离开了格鲁特－津德尔特。他的父亲被委派到了离布雷达市不远的赫尔瓦尔特堂区。对文森特而言，这是与童年的诀别，那个将不停地唤起伤感与忧郁的时代。

　　文森特对绘画的兴趣与日俱增。他注意到了当代的荷兰画家们：约瑟夫·伊斯拉埃尔[32]、雅各布·马里斯[33]、亨德里克·威廉·梅斯达格[34]、简·魏森布鲁赫[35]，尤其是安东·莫夫[36]。莫夫很了解凡·高家族，因为他娶了文森特的表妹。莫夫比文森特大十五岁，已是位知名的画家，海牙画派的杰出代表。他画乡间风景或海边的工作场景，还有雨后天空下阴沉的沼泽。他很乐意把本领传授给文森特。

　　1872 年 8 月，才十五岁的弟弟提奥前去看望他，并在海牙待了几天。文森特带着弟弟去了博物馆，然后在海边待了很久，接着又在运河边上迷了路。那时的文森特是个无神论者。他没有听从父亲的建议，读起了世俗书籍，尤其是人体病理学和精神病理学教程。出于挑衅或恼怒，文森特去摄影师那里拍了张照。照片上的他有些阴郁，眼神放肆，傲慢无礼。他将这张肖像寄给了母亲。

吉斯特街区离古皮尔画廊不远。那里有很多中世纪时期建的木房子，和迷宫一样，也是城市妓院所在地。文森特十九岁了。他第一次和妓女交欢。他很喜欢妓院的氛围。他会去那里喝上一杯，玩玩牌，听别人说长道短。

他前往父母位于赫尔瓦尔特的新家过圣诞。他与父母之间的关系变得紧张起来。他越来越受不了母亲的循规蹈矩和虚情假意。他的父亲则整天教训他，家长作风的遣责口吻使他更为恼火。文森特动不动就惹怒父母，并挑衅他们的宗教信仰。他喜欢并且擅长散布疑虑。终于，他和父母爆发了争端。

回到海牙，他的室友无意中发现他正在壁炉前一页一页地焚烧父亲送给他的宗教册子。

1873年1月底。——老板特斯特格通知文森特，管理层将把他调到古皮尔集团位于南安普敦大道的伦敦分店。特斯特格说，这是很大的升迁。文森特心里很明白，他只是被扫地出门了。但他并没有反应过激，而是表现得很克制，并开始抽起了烟。他父亲曾建议他这么做，为的是抵抗忧郁情绪的泛滥："当我们沮丧时，抽上一口烟该多好。"

文森特到了服兵役的年纪。新兵们需要抽签，除非他们的家庭支付一笔免兵役的费用，否则就将被派到苏门答腊岛。在那里，殖民战争正如火如荼地进行着。仿佛命中注定一般，文森特中了签。他被征调了。为了找人代替他，他的父亲凑了差不多一年的薪水。最终一个泥瓦匠替他上了战场。

摆脱了兵役之后，文森特将开始新的生活：他的伦敦之行定在夏天。但当下，他被送到了巴黎。5月12日，他抵达巴黎，在那里待了几天。官方沙龙展刚开始，在那里文森特可以欣赏到近四千幅被展出的画作。他还参观了卢浮宫和卢森堡博物馆。之前，他只看过名画的复制品，在博物馆，他见到了真迹。

　　老板特斯特格有些过意不去，于是便邀请文森特参加画廊年度晋升之旅。这样，文森特就有机会前往布鲁塞尔、安特卫普和阿姆斯特丹旅行。对于文森特而言，身着画商制服有什么感觉呢？他还抱有幻想吗？

　　他的弟弟提奥也开始在古皮尔布鲁塞尔分店任职，而后又被派到海牙分店接替文森特。

　　文森特终于来到了伦敦。在《伦敦新闻报》和《画报》橱窗中展出的画作给他留下了深刻的印象。他参观了英国皇家美术研究院、伦敦国家美术馆、多维茨画廊、南肯辛顿博物馆，还有很多画廊和古董店。

为了使自己看上去更有派头，他戴上了一顶滑稽可笑的大礼帽。

正如他刚开始在海牙工作时对卖画抱有极大热情一样，这都不会持续很久。

他失意时就会试着画画。他的笨拙使他恼火，画作一完成就被扔掉了。

他先找了个落脚点，而后又搬去布里克斯顿[37]，住在一位法国牧师的遗孀于尔叙勒·卢瓦耶家里。卢瓦耶夫人和她十九岁的独生女欧也妮同住。

　　郊区很安静，但为了去上班，他每天早晨必须六点就出门，一直走到泰晤士河边，从那里坐一小时汽船才能到熙熙攘攘的城里。傍晚，他喜欢去人口密度很大的贫民区逛逛。他常一个人沿着码头漫步。

　　他的母亲给他写信："我们努力精打细算地过日子，努力让自己高兴起来，我们对自己说，总有一天我们花在你身上的钱会被证明是值得的。这也是我们希望得到的最好的回报。"

　　在所有读过的书中，文森特最喜欢朱勒·米什莱[38]的《爱》。书中对女性的研究，尤其是对女性身体的描写是如此露骨：分泌、月经、怀孕和生产。

　　晚上，他经常和欧也妮待在一起。他亲切地称她为"娃娃天使"。他疯狂地爱上了她。他突然向她求婚，她却笑了起来，断然地拒绝了。她告诉文森特自己已悄悄地和之前的房客订了婚。文森特感到很丢脸，但他坚持并恳请欧也妮回绝那门婚事。无果。欧也妮对这位条件一般的外国人没有任何感觉。

文森特受到了极大的伤害：伤口一直未曾愈合。他极度抑郁，对工作失去了兴趣，打算离开古皮尔集团。

他回父母家住了一段时间。父母尝试着安抚他，但无济于事：他整天把自己锁在房内，抽着烟斗，一斗接一斗，反复咀嚼着自己的失败。

回到伦敦，他仍在之前住过的郊区找了个新住所。在工作上，他越来越暴躁，甚至和顾客说话时口气都很粗暴。

申特伯父或多或少会替他说话，并说服管理层把文森特派到另一个分店，远离他的伤心地。但文森特怀疑是他的父亲从中作梗，为让他见不到欧也妮。于是，他与家里断了书信，人也越来越沉默寡言。他母亲写道："他远离了世界，远离了社会。他看上去好像不认识我们一样。"在母亲眼里，她的长子彻底成了陌生人。

***

1874 年年底。——古皮尔集团的领导们命令文森特到巴黎工作，直到圣诞节。他不得不离开伦敦，住到蒙马特一处简陋的房间里。在画廊，他的工作是说服潜在的买主，但他完全无法胜任：他有时很傲慢，经常让顾客不知所措，还想方设法把自己的喜好强加给他们。

他对绘画越来越感兴趣。他买下了伦勃朗、米勒、柯罗、梅索尼尔[39]、马里斯、伊斯拉埃尔和莫夫等画家作品的复制品。他经常去卢浮宫，对菲力普·德·尚帕涅[40]的耶稣像赞叹不已：耶稣的眼神很忧伤，充满人性，眼里满是血和泪，仿佛在哀求每一位参观者。

文森特到巴黎时已经太晚了，错过了首届印象派画展。参展的画家们被某个艺术评论家戏谑地称为"印象派画家们"：保罗·塞尚[41]、克劳德·莫奈、埃德加·德加[42]、奥古斯特·雷诺阿[43]、阿尔弗莱德·西斯莱[44]、卡米耶·毕沙罗[45]。文森特在巴黎游荡，但巴黎并未给他带来什么。后来，他谈及巴黎时说："巴黎说到底真是个奇怪的城市，在那儿得精疲力尽才能活下去，只要我们还没死，在那里啥也干不了！就算死了也难说呢！"

　　他又回到了伦敦，试图再见欧也妮，但她闭门不见。在南安普敦大道的画廊里，他与顾客们的关系越来越差。因此，他又被调回了巴黎。他服从了调度，带去巴黎的还有他在伦敦街头见证的关于贫穷与苦难的记忆。在此之前，他的家庭出身使他免于直面无产阶级的悲惨现实。但从那以后，他对穷人都心怀怜悯，而持续阅读圣经的习惯更强化了这种情感。他还读了法文版的左拉、雨果和巴尔扎克。

在巴黎，文森特参观了柯罗回顾展。那时，柯罗刚刚去世。他对这位低调的画界老前辈情有独钟。他认为柯罗是位敏感的艺术家，无与伦比的画师，寥寥几笔就能将风邀请到画纸上。

在古皮尔画廊，他的态度越来越过分。他鄙视自己的工作，甚至还劝阻顾客买画。他情愿说："艺术品交易不过是有组织的盗窃。"

在圣诞购物季开始之前，他未经允许离开了古皮尔商店，私自前往父母家。此前，他父母又搬了一次家，现居住在埃顿。1876年1月4日，当他回到巴黎时，申特伯父的合伙人之一莱昂·布索召见了他。他最终被辞退了，且必须在四月初离开画廊。

他的父亲崩溃了："多浪费！多丢人！多耻辱！要是你知道这多伤我的心就好了！"他指责文森特玩忽职守、胸无大志，以及他对生活的病态看法。他的母亲哀叹道："我们在黑暗中看不到一丝希望。"

提奥鼓励他成为画工甚至画家，但文森特只想做个乡村牧师，和父亲一样——那位受不了他的父亲，那位他曾因其神职而瞧不起的父亲。现在，文森特只有一个祈愿："求您让我不做令父母抬不起头的儿子。"他反复读圣经，别的书一概不看。就这么决定了：他将去帮助弱小和穷苦的人们。

1876年4月。——他回到了英国，回到了拉姆斯盖特的一座小城市。该城市地处海边，在泰晤士河入海口。他在那里做小学教师，试用期一个月。虽然没有工资，但包吃、住、洗。他负责教算数、拼写、法语和德语，尽管这两种语言他都说得不好。他常去很远的地方散步，有时会和他的二十四位学生一起。他穿过田野，黄色的麦子让他动情。在他看来，树木仿佛都在和他说话。他抚摸着满是疙瘩和灰色苔藓的树干，因随风起伏的树枝而感动不已。很多次，他重复走在通往海岸边峭壁的小路上，一直走到海湾深处。

他意识到万物皆空：我们无法将任何事物据为己有，占有的满足感无法持续，物极必反。因此，他很幸福，至少，他希望自己这么想。

　　风暴次日，他给弟弟写信，措辞俨然一位画家："大海是暗黄色的，尤其是接近海岸线的地方；在地平线上有一道光，上方是巨大的灰色云朵，倾盆大雨从云里斜斜地落下来。风吹起地上的尘土，一直吹到海边的岩石那里，吹得岩石上开满花的山楂树和紫罗兰都摇晃起来。"

　　文森特在英国乡下的很多地方都留下了足迹。他坐过船，乘过火车，搭过公交，也坐过马车，甚至地铁，最远到过伦敦。但他最习惯走路出行。外出时他总是露宿。

他读埃米尔·苏维斯特[46]的小说，里面有个收旧货的人 ——他在路上捡拾破烂的衣物，然后卖给造纸厂："他走着，走着，那个拾破烂的人，就像犹太人一样四处漂泊。没人喜欢他。"

文森特因赚不到钱而感到厌倦。他去求见卫理公会的牧师托马斯·斯拉德 – 琼斯。此人管理着位于伦敦郊区艾尔沃斯的一所学校。文森特坚持想在那所学校谋个教职。孤身一人远在他乡的他恳求牧师用"父亲般的眼神"看待自己。

　　文森特寻求的不仅是慰藉，更是严格的管制。他已经准备好全心全意地臣服于牧师的管教。他的愿望是去工人那里布道，抚慰贫民，向他们宣讲福音书。

　　牧师被说服了，并以较低的薪资聘用了他。他的工作就是去伦敦和郊区拜访生病的学生，看看有没有学生装病。最重要的是，他要和那些不按时交学费的家长们打交道，让他们结清学费。人们念不清他的名字，叫他"凡·高夫"。他坚持要求人们叫他"文森特先生"。

艾尔沃斯，1876 年 8 月 18 日。——文森特的朋友屈指可数，其中一位叫格拉德威尔。文森特去了格拉德威尔的父母家。他们的女儿因坠马受了重伤，刚刚去世。她才十七岁。文森特见证了他们的痛苦，并深受触动。他想起了圣经里的一段："悲伤的人是幸福的，极度痛苦但仍泰然自若的人是幸福的，心地单纯的人是幸福的，因为上帝抚慰朴实的人。"

早晨和晚上，文森特给他负责的男孩们大声朗读圣经。在他看来，这样的阅读会给孩子们带来"比快乐更好的感受"。

他不再带着孩子们去野外散步，而是和他们一起待在寄宿学校。因为在那里，他更有安全感。白天，他每时每刻都和孩子们一起虔诚地唱歌和祈祷，直到傍晚。他的狂热态度令同事们担忧。他第一次登上了讲道台，讲道的题目是"悲伤要比快乐好"。这个经历让他心花怒放。此时他二十三岁。

他不遗余力地布道，不给自己任何休息的机会。他吃不好，还睡得少，因此变得越来越苍白、瘦弱，眼神却愈加狂热。终于，他病倒了。

文森特的父亲收到他的来信时，不免有些尴尬："他要始终是个简单的孩子该多好，而不是固执地在信中如此夸张造作地插入圣经段落。"

圣诞临近，文森特决定回父母家。见他一身公谊会教徒的打扮，异常兴奋且神秘兮兮的样子，父母又开始指责他。他们无法忍受文森特的病态和他过度忧郁的性格。

又一次，他们向申特伯父求助，希望他给文森特在布鲁萨－范布拉姆书店安排个会计的工作。该书店位于多德雷赫特，离鹿特丹不远。

1877 年 1 月。——在书店，文森特早上八点上班，午夜之后才下班。他的工作就是清点被订购的书和已售出的书。面对那些想要和他搭话的顾客，他总是以撇嘴回应。

　　文森特的同事们动不动就嘲笑他，模仿他严肃的神情，讥笑他伦敦式的大礼帽——过于破旧的帽子让他看上去像流浪汉。他们把他当成"怪人""疯子"，他却不搭理他们。

　　晚上，他在墙上贴上圣经插画和耶稣像。在每一张画像上，他都写上"痛苦但幸福着"。

　　在房东眼里，他异常沉默寡言，总是一个人。早晨，房东经常看到他身边放着圣经：为了能将经文背下来，他经常整夜整夜地抄写。

　　饭桌前，文森特虔诚地祷告。他既不吃肉也不吃调味酱，还经常不吃午饭。他和小学老师格尔利茨同住一间房。这也是唯一能和他说话的人。格尔利茨回忆道："为数不多的几次，当文森特参与到对话中来时，他谈起了对伦敦的印象。"格尔利茨还不忘加上一句，"他的脸总是很阴沉，若有所思，异常严肃和忧郁。但当他笑起来时，那是真心又坦诚的——整个人都亮了起来。"

在书店里，文森特用荷兰语抄写大段大段的圣经，然后再译成法语、德语和英语。四种语言齐齐整整地写在四栏里，和账本一样。书店老板的儿子证实："他与任何人都没有联系，且总是一言不发。"

这位与众不同、酷爱阅读的年轻人激起了老板的好奇心。老板允许他参阅哲学或神学辩论主题的稀有书籍。文森特如饥似渴地读着。在多德雷赫特，他看到爬满常春藤的老宅子时很是触动。这让他想起了狄更斯的话："常春藤是种很奇怪的古老植物。"

有时，他沿着河堤散步，长时间地静观河面上倒映着的天空。在远处，他能瞥见风磨。还有些时候，他下班离开办公室，在宁静的夜色中游荡。薄雾使得苍白的月亮依稀可见。他写信给提奥："下次再见面时，我们将更深情地相互凝视……"

他生活很拮据，虔诚地用苦行折磨自己。他只允许自己享受一件事：抽烟。现在，他意识到自己只能成为牧师："我认为做个画家或艺术家很好，但我父亲的职业更神圣。"他觉得继承福音传播者的衣钵是他的天职。他父母很高兴。但他的信仰并不能消除他内心的失望："噢！提奥，我亲爱的弟弟，如果我能感受到那样的喜悦！要是我能从经历过的失败和指责造成的无限失意中解脱出来该多好……"

1877年4月30日，文森特又在给弟弟的信中写道："或许未来会给我俩带来很多美好的事物，我们应该学着像父亲一样念叨'我从不失望'，或者像伯父扬那样说：'无论魔鬼有多可怕，总有办法直视他。'"

又一次，他的家庭给他做出了安排：他将去阿姆斯特丹参加神学研讨会。他将寄宿在他的伯父约翰内斯家。他伯父曾任海军副司令，现在是海军造船厂的负责人。

　　文森特二十四岁了。他需要学习希腊语和拉丁语，然后参加很多考试。年轻的犹太教教士蒙代斯·达科斯塔给他上课。他带着文森特参观了阿姆斯特丹的犹太老区。文森特对此赞叹不已。他无差别地出入寺庙、基督教堂和犹太教堂。对他来说，上帝无所不在。

　　在课堂上，曾经的坏学生绝望地尝试着强迫自己学习。炎炎夏日叫人难以忍受。整个城市使人窒息。运河到处散发着腐臭的气味。

文森特很沮丧："我的头有时异常沉重，一向炽热的情绪有时也会被耗尽。我不知道如何吸收这么多如此难懂且混乱的知识……"

他每餐只吃黑面包块。他的伯父几乎不怎么在意他，也从未请他吃过饭。他们之间的冷漠关系是相互的。

文森特感受到了恶，那种可怕的恶存在于"世界上和我们身上"。他知道自己必须相信上帝才能活着，并且相信死后还有新生。这是必然的："我们活着时已进入了死亡，这句话关系到我们所有人，这是真理。"他的信仰使他"在悲伤时仍能保持愉快"。

无论刮风下雨，他从不穿大衣。他以抽烟、喝咖啡来抵御困倦。他有时会睡在地上，不盖被子，因为他觉得："在床上过夜的特权是篡夺来的。"他背靠着那根常用来自笞的手杖入睡。他喜欢叨念：最大的智慧就是认知自己，轻视自己。

他的一位伯父问他是否会因某位女士的美丽而着迷，他回答，他更喜欢丑陋、衰老和贫穷的女人，因为她们的智慧来自经历的考验和悲伤。

文森特的母亲认为他还是老样子：像个"奇怪"的男孩。他的一个妹妹将他视作"过分虔诚的人"，并认为"虔诚让他变傻"。

他的弟弟提奥刚刚庆祝完二十岁生日。提奥陷入了过度抑郁，这样的抑郁状态此后将引发瘫痪。

文森特在学习或给他弟弟写信时，会随手画一些小画。"我今天早晨画了一张，画面上的以利亚在沙漠里，头顶上是暴风雨前昏暗的天空。前景里还有几棵山楂树。有时我能很清楚地看到我画的东西，那样，我就能兴奋地侃侃而谈。我许了愿，希望以后总能如此。"

他幻想着艺术与宗教之间的深层关联，以至于艺术与宗教在他脑海里完美地联结成一体。艺术和宗教显露于人间最平凡的生活，而不存在于对后世的许诺。他对此坚信不疑：一双破旧的鞋子足以构成一幅佳作，"有着不同寻常的、离奇的美"。艺术家和牧师说着同样的语言。尤其是他们给予那些知道如何接受这一切的人以真正的慰藉。

文森特对地理很着迷，他花很长时间誊画地图，尤其喜欢基督教圣地地图。他还把自己誊画的圣地地图寄给父亲。

夜里，他沿着阿姆斯特丹的运河闲逛。他的性格愈发阴郁。他吃得很少：一块干面包、一杯啤酒。狄更斯推荐过这样的饮食，为的是劝阻那些想去自杀的人。

1878年2月17日。——他去瓦隆教堂听法国教会牧师讲道。牧师来自里昂郊区。他讲道时提到了无产阶级的不幸——他们的生活环境、工作条件，以及资产阶级对孩子们的高强度剥削。文森特想要成为"耶稣的工人"。但他对工人一无所知。当时的布拉班特几乎还未工业化，文森特与工人之间没有任何交集。他也几乎碰不到农民和手工业者。在他房间的墙面上，他把圣经插画和耶稣像换成了樵夫、挖掘工、裁缝和箍桶匠的肖像。

文森特不断地前往瓦隆教堂，在那里认识了传道士阿德勒，后者的任务是让犹太人皈依天主教。他还认识了瑞士牧师加涅班，他鼓励文森特，为了更好地慰藉他人，尤其是那些最穷苦无助的人，必须学会忘记自我。

1878年7月5日。——因学业过于艰难而灰心丧气的文森特回到了住在埃顿的父母身边。谈起阿姆斯特丹度过的十五个月，他后来说道："那是我经历过的最糟糕的时期。"

他将自己视为失败的布道者，甚至说得更直白，一事无成之人。这种感觉让他回忆起学生时代的惨痛经历，他反复叨念自己的失败经历，俨然成了一名恪守教规的新教徒：他大口啜饮自己的耻辱。尽管他还坚持信教，但在他对弟弟的抱怨中，艺术的感召在暗暗回响。他画得越来越多，用钢笔或是铅笔，略显笨拙，常常画在信纸边缘的空白处。但这就足够引起提奥的注意了，有远见的提奥在这些画稿中看到了在神学路上游走的文森特未来的出路。

　　在一幅画着因毕生劳作而筋疲力尽的老白马的蚀刻作品前，文森特惊呼："多令人心碎的景象！这无比凄凉的画面必定会感动那些人，因为他们知道并能感觉到我们终有一天也会在名为'死亡'的死胡同里重逢，人类生命的尽头不是泪水就是白发。"

　　7月中旬，牧师斯拉德－琼斯决定去拜访文森特。在一番长谈后，两人都同意前往布鲁塞尔，去见一下福音布道委员会的成员们。他们负责培训派往比利时各地区的传道士。

　　文森特被接受了，在福音布道委员会试训三个月。他陪着柏克马牧师去了布鲁塞尔郊区的拉肯。

　　他的妹妹安娜对此不抱幻想："他性格那么差，在第一份教会职位上肯定干不久的。"事实上，文森特很难忍受别人的教训和意见。在同学们眼里，他总是沉着脸、易怒且摇摆不定，不听老师们的话，还公开挑衅老师们的权威。一次，他的同学取笑他，文森特重重地打了他一拳。

　　很快，他过于虔诚的态度引起了老师的担忧。老师指责他拒绝学习的态度，还有他的神经质，他蹩脚的口才和记忆力。又一次，文森特体会到失败。为了惩罚自己，他拒绝进食，直接睡在地上。他在郊区和墓地游荡，"他被某种特殊的情感裹挟着：长久以来的思乡之情，或许还带着些许苦涩的伤感"。

　　三个月的试训期结束之后，文森特的态度激怒了福音布道委员会，他们认为文森特不适合讲道。该结论并不出人意料，但使文森特更加颓丧。他吃不下，睡不着，瘦了很多。他的房东很担心，于是给他父母写了信，让他们把文森特接回去。再见到儿子时，文森特的父母惊呆了。他们看见儿子如此阴郁、如此不食人间烟火，感到十分痛苦。对他们而言文森特是个十足的不幸。但又能怎么办呢？

"宝贝沙龙"

　　1878年12月。——在几周的痛苦之后，文森特决定在没有家人帮助的情况下只身前往位于比利时南部的博里纳日。以煤矿开采著称的博里纳日又被称为"黑色王国"。他给提奥寄去了一张题为《在矿上》（*Au Charbonnage*，咖啡馆名）的小画。这是一幅"天真"的小画，倘若真的存在这样的说法。文森特承认"这幅画没什么特别的"，但它展示了矿工们的庇护所：那些被叫作"黑脸"的矿工会去咖啡馆喝上一杯啤酒，吃点儿面包。这幅速写上没有半点儿人影，背景里只有一轮细月悬挂在灰色的天空。

　　对博里纳日的旷工们来说，白天是不存在的，除了周日。矿工们每天的薪资几乎不会超过两点五法郎，他们的平均寿命也不超过四十五岁。在矿井深处，随时都有塌方的危险，更不用说瓦斯爆炸和突然涌出的地下水了。在煤矿上拉翻斗车装煤的马变瞎了。成千上万十四岁以下的男孩、女孩在那里工作，直至筋疲力尽。

　　文森特先在小城帕都拉日落脚，而后又来到小瓦斯梅的一家农场主家里住下。小瓦斯梅是距离马卡斯和弗拉姆利煤矿很近的小镇。晚上，他给农场主的五个儿子上课。他还为他们作画，用这些画给他们当玩具。但文森特时常爆发的极端反应使孩子们感到害怕。

　　镇上刚组建了一个小规模的新教团体，但因没有举行仪式的礼拜堂，他们就在先前小酒馆的舞厅里集合。这个小酒馆名叫"宝贝沙龙"。"宝贝"是位女孩的名字，小酒馆取这个名字显然是为了向她致敬。

　　文森特在小瓦斯梅谋到了布道和讲授教理的职位，试用期六个月。薪水微薄，但他别无所求。

　　在堂区教民眼里，文森特刚来时衣着端正。但很快他就把自己的衣服分给了穷人们，自己只穿着一件打补丁的军装，一条很旧的裤子，裤腿上用来绑腿的是从装煤袋子上剪下来的布条，脚上穿的是矿工套鞋，头上戴着皮帽。

　　起初，在好奇心的驱动下，居民们都想听听新传教士讲道，但文森特讲得越多，老百姓就越是沉默。他们根本不听他的，有时候还会骂他。很快，听讲的人越来越少。但无所谓，文森特讲得愈发起劲。他甚至决定晚上睡在院子的窝棚里。如此的忘我引起了人们的担忧。这个放弃舒适的房间睡在草堆里的"上帝疯子"是谁？这个只吃面包、米饭和废糖蜜，光着脚衣衫单薄地走在冷风中的人是谁？

　　文森特没有气馁。他去探望生病的居民，帮助妇女们干苦活累活，不遗余力。尽管少数矿工最终还是接受了他，但他很清楚大部人对他仍心存芥蒂。傍晚，他看着这些多疑且充满敌意的矿工，他们正费力地从矿井里爬上来，和通烟囱的工人一样黑。在刚刚被雪覆盖的地面上，他们就像白纸上的黑字："和福音书页一样。"周围的村庄看上去荒无人烟，街道死气沉沉。有时，文森特能看到几个拾煤者——那些妇女收集一袋袋煤，放在背上驮着走，她们弓着背，在阴沉的天气下显得灰蒙蒙的。

　　矿工们大部分时间都生活在地下。尽管那些肩膀宽阔、眼睛深陷在眼窝里的当地人没有受过教育且不识字，但他们并不愚蠢。他们很"勇敢，唯恐失去他们的自由"。正如水手们的工作艰苦且有危险，但一离开大海，他们就会怀念海上一样，矿工们更喜欢地下，而不是地面上的生活。当有人想要将不属于他们的规则强加于他们时，他们就会表现得很执拗。文森特非常希望能够适应他们的生活和习俗。于是，他表现得很谦逊，避免流露出优越感。他尝试着向他们靠拢，以求得他们的信任。

　　文森特很乐意画画，但仅作为业余爱好。他笨拙地勾勒着高耸的废石堆前的矿工们，用脏兮兮的铅笔画着条纹，远处是井架。稀疏的小灌木仿佛在朝天哭泣。僵硬的人物像木桩一样，画面上再现的是人物的侧面，透视比较粗浅。他的画看上去像十岁孩子的画。文森特十岁时还在临摹母亲的画作。现在他二十五岁了，终于可以通过绘画表现那个他曾经幻想成为的孩子了。他知道如果想要当画家，还需要付出很大的努力。

　　瓦斯梅，1879 年 1 月。——文森特获准在马卡斯煤矿深处待六小时。马卡斯煤矿最古老也最危险。他弓着腰，借着微弱的灯光进入狭窄的地道，行走在很快变成泥沼的水洼里。在十字镐嘈杂的敲击声中，他被眼前的景象惊到了：男人们不堪重负，脸颊苍白、消瘦，过早地衰老了；被称为推车女工的妇女们"脸色灰白且憔悴"，头发被布头巾包裹着，等待着负责把拖车放入提取笼的工人，这个人一边祷告一边倾倒翻斗车中的废弃物；孩子们目光呆滞，忙碌着从泥土里挑拣煤块。

　　这个地方处于世界之外。这里到处都渗着水。沿着地道的微弱灯光如潮湿的钟乳石，又像吊死者的影子。

　　在这之后，文森特又去阿格拉普煤矿深处参观，矿工们称其为"棺材"或"公共墓穴"。那年去世、受伤、严重烧伤的矿工尤其多。

　　1879年2月26日。——文森特的父亲决定前往博里纳日。他在窝棚里找到了儿子，"睡在装满稻草的袋子上，消瘦和虚弱了很多"。他吓坏了。

　　1879 年 4 月 17 日。——离瓦斯梅不远的阿格拉普煤矿发生了巨大爆炸。几公里外都能看见火柱，滚滚黑烟笼罩着那片大地。一百二十一名矿工遇难，其他人受伤严重。这是比利时十年来最惨烈的事故。现场没有医务室。几个医生赶了过来，先救治那些能活下来的人。文森特就在那里，他尽全力用酒精帮助伤者消毒伤口，撕掉自己的衣服做成包扎伤口的绷带。他竭力救助那些伤势最严重的矿工。

　　人们从矿井里拖出来一个满身是血、额头被炸得血肉模糊的矿工。医生们都觉得这个人没救了，但文森特把他带回了家，小心地照料他，日日夜夜守着他，日复一日，直至他数周后恢复健康。照顾病人确实是他唯一可以带给他人的慰藉。而他自己，像往常一样，几乎拒绝一切食物，在寒冬光着脚走路。他完全戒掉了洗澡，扔掉了被视为"罪恶奢侈品"的香皂。孩子们责骂他，当他是"疯子"。那些依旧去听他讲道的、为数不多的教民也无法接受：一个牧师居然可以屈尊并忍受如此匮乏的生活条件。

　　文森特很幸福。像耶稣一样，他布道并给人们带去慰藉，还治愈了他人。尽管孩子们依旧追着嘲笑他，但当地和周边的居民都口口相传：和他们打交道的是一个虔诚、仁慈且真挚的人，真心实意地为他们好。然而，文森特仍不时感到忧郁，并因没有朋友和爱而痛苦："我不是公共喷泉，也不是石头或铁做的路灯。"但很快，他又找回了勇气。

六个月过去了，福音传道委员会派一个叫罗什迪尔的人前来视察。此人见到的是衣衫褴褛、流浪汉模样的文森特。他睡在窝棚的草垫子上，全心全意为教民，尤其是为矿工们服务。相比于宗教信仰层面的要求，文森特更赞同矿工们提出的社会平等层面的诉求。在罗什迪尔的报告里，他强调"传道士的过度虔诚令人不快"。在他眼里，文森特是个不折不扣的宗教狂热分子。尽管他甘于奉献，但委员会的成员们还是以口才不佳为借口将他辞退了。文森特彻底崩溃了。他大喊道："我的上帝，什么时候才是个头啊？"

***

1879 年 8 月 1 日。——文森特身着布衣，肩上背着包袱，胳膊下夹着画架离开了博里纳日。他风餐露宿，一直走到了布鲁塞尔。当他到达牧师阿伯拉姆·皮埃特兹赞家里时，双脚都磨出了血。就是这位牧师帮助文森特进入了布道学校。给他开门的少女惊恐地叫了起来，她眼前是个满身污垢的怪物，褴褛的衣衫上覆满了尘土，红棕色的胡子根根竖起。但牧师还是接待了他。看着这个眼神狂热的年轻人，牧师非常激动。他邀请文森特参观共济会支部，并招待了他几天。

经过长时间的交谈，牧师得出了结论，文森特最糟糕的敌人就是他自己。

皮埃特兹赞闲时喜欢画水彩画，是个绘画爱好者。他很亲切地观看了文森特的画作。他希望自己能留下一张文森特画的矿工肖像，以鼓励这位年轻人继续作画。这次相遇标志着文森特生命中具有决定性的转折点——他觉得自己应该成为艺术家。在布鲁塞尔，他购买了一本用高级纸张制作的大画册。他之前在古皮尔商店工作时的上司特斯特格还另外送了他一本画本和一盒颜料。他愈加勤奋地作画，时常画到凌晨。

　　文森特不想因为画画而放弃传教士的使命。他又回到了"黑色王国"，这次是去煤矿小镇奎埃姆斯[47]。一位名叫弗兰克的传教士收到了皮埃特兹赞的推荐信，他接待了文森特。但他承认这里没有任何工作可以提供给他。文森特先前在"宝贝沙龙"布道的传闻不胫而走 ——所有教堂都拒绝为他提供职位，哪怕是做志愿者。文森特只得自费布道。

　　他对自己的惩罚越来越严苛，他折磨自己的身体，强迫自己长时间禁食。他只允许自己吃面包皮和冰冷的土豆。

　　暴风雨雪肆虐之时，居民们看到衣衫褴褛的文森特独自行走在荒无人烟的旷野上，他光着脚，脸上满是煤灰。他到处被人们视作"疯子"。

　　斑疹伤寒肆虐，苦难蔓延整个地区。在绝望中反抗的矿工们开始罢工。博里纳日成为工人运动的策源地。三十年前，马克思和恩格斯在布鲁塞尔起草了《共产党宣言》。煤矿工人成为席卷整个欧洲的反抗运动的先驱。但罢工被血腥地镇压了。

为了反抗资本主义制度的残暴，工会运动热潮风起云涌，各种合作社、互助协会、工人同盟网络也随之兴起。

在矿工那里，动乱达到了顶峰。因为三年内他们的工资降了三分之一，成百上千的矿工们在瓦斯爆炸和煤矿塌方中死去。文森特加入了他们。他向煤矿管理层提出申诉，但被狠狠地嘲笑了。管理层对工人们的要求置若罔闻，这彻底激怒了矿工们，他们威胁要放火烧矿。局势异常紧张。反对任何形式暴力的文森特最终平息了他们的怒火。文森特忠于教义，宣讲智慧与尊严。

提奥来探望他，但兄弟俩不欢而散。提奥无法理解文森特的选择，他告诉哥哥自己越来越不懂他，他嘱咐哥哥要找个能维生的工作，如印刻发票抬头的工人、会计、木工学徒、面包师。文森特给弟弟回了一封长信，告诉弟弟他不能遵从他的建议。信末，他总结道："我希望我们永远不会成为彼此的敌人。" 1879 年 10 月 15 日之后，他好几个月没有给提奥写信。

1880 年 3 月，衣不蔽体、饿得像头病兽的文森特开始了前往法国加莱[48] 的长途旅行。他怀着能在那里找份工作的渺茫希望，哪怕是最微不足道的活计。他坐火车到法国边境，然后又继续步行。他希望抵达芒什省，拉芒什海峡对面就是满载失败回忆的英格兰。但他在朗斯[49] 停了下来，他睡在地上、柴草堆上、废弃的汽车里，甚至干草垛里。早晨，他被霜冻冻醒。冰冷的风雨打在他身上，身无分文的他一直在漂泊："像流浪汉一样，无休无止地流浪，找不到任何可以休息、生活、提供庇护的栖身之地。"

他途经库里耶尔[50]，画家朱勒·布勒东[51]的画室就开在那里。但文森特不敢去敲门，只好折回。他也并非一无所获，归去时他脑中满载着周围的景色：干草垛、比博里纳日更明朗的土地，还有天空，多么清澈，既没有雾也没有蒙蒙细雨。

　　对抵达海岸不抱希望的文森特决定返回"黑色王国"。他精疲力尽，双脚惨不忍睹，而且"情绪或多或少有些忧郁"。

　　在路上，他用行李里的画作换取一些剩面包。然而，他并不后悔开启这段旅程：在一次次与苦难的正面交锋中，他学会了看待事物的另一种方式。

　　他的悲伤情绪给居民们留下了深刻印象："一种令人毛骨悚然的悲伤。"文森特借宿在一位矿工家的阁楼里。夜里，矿工常被他的哭声和呻吟声吵醒。

耗尽了力气和勇气的文森特再次踏上前往埃顿的路，去找他的父母。刚到家，他就觉察到，对于家人而言，他已成为"某个荒谬怪诞且可疑的人物"。他也认为自己之前太过虔诚了。他的荒唐举止逐渐让位于苦涩的忏悔。他很消沉，既后悔又悲伤。他能感觉到内心深处"涌上来的厌恶之流"。他喊叫道："我知道我可以成为完全不同的人！我到底有什么用，有什么用！我内心有种东西，那到底是什么？"

对于"这个他们一直需要扛着的十字架"，文森特的父母有些不堪重负。父亲多鲁斯决定把儿子送到精神病院。他预约了精神病医生拉马尔。拉马尔医生还是海牙郊区精神病院的监察员。由于缺乏医学证明，多鲁斯必须召开家庭会议征得所有成员的同意。气急败坏的文森特砰地关上家门，跑去了奎埃姆斯。

他又开始画画。他用速写册代替了圣经，开始画一系列捡拾煤炭的女性肖像。绘画给他带来的慰藉多于宗教。他告诉提奥，绘画是他内心中燃烧的"大壁炉"。

他的画笔"有些听话了，而且随着时间的流逝越来越驯顺"。现在，他对纺织工产生了很大的兴趣。对他来说，纺织工是很特别的一类人。他很尊敬他们。

之前仅是爱好的绘画变成了一种执念。他想做传教士的雄心壮志也因此结束了。从现在起，他将借助艺术之美来慰藉人类。他写信给提奥和特斯特格，让他们给自己寄绘画教材，尤其是查尔斯·巴格[52]的《木炭画练习》和《绘画教程》，还有阿尔芒·卡萨尼[53]的《绘画入门指南》。一张又一张，文森特不知疲倦地重复练习，而且难度也越来越大。他清晨就开始练习，一直画到深夜。

  文森特总是想要临摹更多的画，如米勒、布勒东、雅各布·凡·雷斯达尔[54]、查理·杜比尼[55]和泰奥多尔·卢梭[56]的作品。他一连临摹了五次米勒的《播种者》，之后也一直不停地临摹这幅画。他对提奥说："我非常努力地练习画画，目前还未有甚是喜人的成果。但我希望这些恼人的小刺会在适当的时候托出白色的花。我看似白费的努力不过是艰难的生产过程。"

1880年6月，提奥寄给他第一张五十法郎的纸币。

文森特认清了自己的新使命。两个月后，他离开了博里纳日。此时，他仅剩十年的寿命了。

我就是那条狗

1880 年秋。——文森特回到布鲁塞尔，住在米帝大道 72 号。为了旁听"仿古绘画班"的课程，他假意去皇家美术学院注册。提奥把他引荐给了一位名叫凡·拉帕德[57]的荷兰画家。这位画家比较富有，而且也就读于美院。文森特很快将和这位画家共享一间画室。

　　安东·杰拉德·亚历山大·凡·拉帕德出身贵族家庭。他是乌得勒支市一名有钱律师的儿子，拥有引以为傲的骑士头衔。夏天度假时，他要么乘游艇，要么去类似于巴登－巴登的时尚温泉小镇闲逛。

　　他循规蹈矩，没有很强的个性，举止优雅但反复无常。文森特认为此人特别好为人师。在拉帕德的记忆中，他的同学文森特脾气暴躁，很难相处。但他们俩倒是还能相互理解。拉帕德骑士能忍受文森特突然爆发的情绪，从不发牢骚。他对文森特的友谊是真诚的，他从不掩饰对文森特个性的仰慕，他欣赏文森特性格中"阴郁的狂热"，欣赏他好争执甚至无理取闹的个性，以及他对作画抱有的极大热忱。

　　文森特很勤奋地练习画画。他的画册上满是用铅笔或木炭照着巴格的《绘画教程》、阿隆奇[58]的《木炭画选集》、约翰的《艺术家专用解剖素描图》仔细临摹的画作。一节课上他就能耗掉很多十生丁一张的安格尔画纸。他几乎每天都会请新的模特到他朋友的画室——"年长的掮客或某位工人、小孩……"。他让他们摆不同姿势，坐着或站着，或要求他们手里拿着铁锹或灯笼走上几步。如果模特们不严格遵守他的指示，文森特就会毫不犹豫地训斥他们。他收集了一系列模特服装：布拉班特夹克、灰色矿工装、渔民短大衣、农民木底鞋，以及不同种类的女装。如此一来，他就可以按照自己的想法给他们穿上："我画了五次拿着铲子的农民，说到底，就是各种姿势的挖掘工。我画了两次播种者，两次拿着扫帚的少女，还有削土豆的妇女，倚着手杖的牧羊人，还有个生病的老农民——他坐在壁炉旁椅子上，双手抱着头。"

面对用于模特、配饰和服装的巨大开销，文森特的父母很苦恼："我们突然感到很伤心，文森特使我们难过。"但提奥刚刚被晋升为古皮尔蒙马特大街分店的经理。他赚的钱足够保证每月给哥哥打一笔。文森特一度认为是父亲在支付这笔费用。

目前，文森特吃的是干面包、土豆和栗子。他希望能创作出"像样且卖得出去的画作"，以此来谋生。他幻想着成为像古斯塔夫·多雷[59]、奥诺雷·杜米埃[60]、保罗·加瓦尔尼[61]或亨利·莫尼埃[62]一样的插画家，为书籍、杂志画插画。他去了几个印刷店毛遂自荐，想以插画师的身份在那里工作。他甚至打算学习石印技术，当个石印工。但一切都是徒劳。所有门都关上了。一位铁匠给了他一些钱，以换取几张以炉窑为主题的画。

文森特完全投入人像画和风俗画的创作中。他注意到画画不仅需要技巧与经验，还需要不懈的努力和对面相学知识的深入了解。成为画家是一项无止境、无回报且旁人无法理解的使命："很少有人真正知道为什么一个画家做这件事而不是那件。一个农民看着我画树干，一动不动地画了一个小时，以为我疯了，还嘲笑我。"

　　1881 年 4 月 17 日。——突然，文森特离开了布鲁塞尔，坐上第一班火车回荷兰。他对皇家美术学院如此失望以至于他对此闭口不谈，还毁掉了自己所有的画。刚到父母家，他即刻临摹了一遍米勒的《播种者》。在他眼里，这幅画象征着面对失败的重生与坚持。

　　文森特将在埃顿待九个月，并通宵达旦画画。他的伯父或叔叔送了他一盒颜料。

　　如果不下雨，文森特会去乡下画画："我现在需要不间断地画挖掘工、播种者、耕作者、男人和女人。研究所有与农村生活相关的事物并把它们画下来。"乡村深深地启发着他，带给他灵感。他想要一一清点乡村的事物：农田、牧场、欧石楠、运河和风磨。

　　文森特和父亲的关系依旧不好。他被后者撞见正在读一本谈论法国大革命思想的法语书。

　　父亲多鲁斯将朱勒·米什莱和维克多·雨果视作煽动者甚至杀人犯。文森特坚持要父亲读上两三页，但被拒绝了。父亲援引了某个叔公的例子：他受到了法国思想的熏陶，最终沉迷于酗酒。

　　多鲁斯最不能接受的就是文森特的艺术抱负：他如何谋生？他如何支付模特和画材的费用？但多鲁斯还是给了文森特一点补助，并给他买了衣裤。可父亲的存在使文森特喘不过气，几近窒息。他们之间的争执也愈加激烈。

　　最终全家人都起来反对文森特，除了提奥。但文森特并没有动摇："从什么时候起，一位有着绘画手艺的人也没有谋生的可能性了？"他深知所有的艺术家都曾生活拮据，这是命中注定的。

　　现在，他开始质疑父亲对信仰的虔诚。他指责父亲根本不信教："我认为牧师们的上帝已经死了。但我因此变成无神论者了吗？"如果上帝无法在牧师们身上显现，牧师们所说的"教理和耶稣会教义"又有什么用？

1881 年圣诞。——对文森特而言，从现在起去教堂是不可能了。他对父亲说宗教制度简直太可怕了。但他也承认，有些牧师还是很仁慈的。

在埃顿，文森特爱上了表姐科妮莉亚·沃斯，人们都叫她"凯特"。三年前，文森特在阿姆斯特丹见过她。那时，她刚刚失去孩子，而她的丈夫生命垂危。现在，表姐成了寡妇，她和她的第二个孩子一起生活。文森特很直接地向她表达了爱意："我觉得你是我最亲密的同类，我也是你最完整意义上的同类，我像爱我自己一样爱着你。"但凯特立马用"绝不！不，永远不！"回绝了文森特。她承认自己无法治愈过去，无法忘记深爱过的丈夫。但有什么关系，文森特很固执。被爱情冲昏头脑的文森特贪恋爱情的感觉，爱上了陷入恋爱中的自己。他下定决心要爱凯特，直到凯特也爱上他："那句'永远不'像冰块一样，我要将它紧紧拥入怀中使它融化。"

文森特很悲伤，但已准备好忍受不堪忍受的痛苦，忍受地狱般的折磨。为了成为艺术家难道不应该经历伟大的爱情吗？如果他要在作品中表达情感，那他必须首先在内心深处体验过这些情感。他可以获得三种层级的情感：

1. 不爱也不被爱。

2. 爱但不被爱。

3. 爱且被爱。

文森特总结道：第二级比第一级好，但第三级，最好是"那个"！

一天晚上，文森特在寻找凯特与史翠克一家居住的房子时，在小巷中迷了路。他最终还是找到了，按响了门铃。仆人告诉他全家正在用餐，并邀请他进了屋子。全家人都在，除了凯特。文森特问道："凯特在哪儿？"牧师姨夫转身问他的夫人："凯特妈妈，凯特在哪儿？"她回答道："凯特出去了。"晚餐结束时，文森特又问："她到底在哪儿？"他的姨夫终于把话挑明了："她一知道你来，就离开家了。"话音未落，文森特便靠近了灯盏，把手放在火苗上："就让火这么烧我的手掌吧，直到她来见我！"他的姨夫不为所动，走过去把灯吹灭，决绝地说："你再也见不到她了。"

很长一段时间，文森特手上都有那个被深深灼伤的印迹。第二天，他又去了史翠克家，但得到的是同样的答复："你再也见不到她了。"

文森特想到了自杀："是的，我理解那些冒险尝试的人。"但他又改变了主意，因为忆起了米勒的话，"我总认为不正派之人才会自杀。"

文森特刚刚经历了第二次恋情的失败。无法战胜失恋痛苦的他给弟弟写了信，尽管他不确定弟弟 —— "被经商热情吞没的商人" —— 是否有能力就情感问题做出判断。谈到女人，兄弟俩几个月前曾不无苦涩地一致认为，她们是"正直之人的苦痛"。文森特不禁自问，女人到底是什么？正直之人又是怎样的人？目前，凯特的话依旧在他耳边回响："不，我永远不会爱你，永远！"一连串具有暗喻性质的画面在文森特脑海中闪过：海面上晃荡的小船、风暴、狂风骤雨。能慰藉他失恋之苦的是他正在阅读的，与身体和心理疾病有关的书籍。

儿子的行为引起了多鲁斯的注意，他勃然大怒。他勒令文森特立刻停止胁迫凯特。但文森特不肯妥协。于是，父亲诅咒他："让上帝惩罚你！"他还威胁要将他赶出家门。文森特郑重地回答道："我自己走。"

　　1881 年 12 月底。——文森特坐船抵达海牙。他想要结交新的朋友。起初，他试着与之前的朋友们取得联系。为了终结凄凉的漂泊，他想方设法找出路。凄凉？"相比意味着以被动和阴郁的方式沉湎于绝望的'凄凉'一词，我更喜欢代表希望、努力和寻找的另一个词——'忧伤'。"

　　文森特与表妹夫安东·莫夫重逢了。莫夫是他心目中成功艺术家的典型：幸福和谐的婚姻生活，四个孩子，宽敞的房子和画室，在绘画领域越来越令人瞩目的成功。文森特将其视作"天才"。

　　为了学习绘画基础技艺，文森特恳求莫夫让自己去他的画室待一个月。善良的莫夫答应了："我之前总认为你是个不折不扣的蠢蛋，但现在我意识到，根本没这回事儿。"他在这个难对付的男孩身上看到了自己的影子。莫夫也是牧师的儿子，他和父亲也曾针锋相对，为了全身心投入绘画学习中，他十四岁就离开了家。文森特几乎每天都去看莫夫作画，莫夫也竭力帮助他；文森特还与莫夫探讨绘画时首先会遇到的困难：人脸与手的比例。

　　莫夫给文森特很多建议，纠正他的草图，并鼓励他尝试除木炭画法之外的其他技法：擦笔画法、胶画、水墨画、乌贼墨画和水彩画。然后又教了他基础的架上油画。文森特开始练习画景物：木鞋、卷心菜、胡萝卜、土豆、苹果和水壶。莫夫对他的学生很严格，他尤其指责文森特情绪时好时坏，阴晴不定，最终将其视为"讨厌鬼"。尽管文森特非常努力，但他没有进步。莫夫很清楚地意识到了这点，但他不敢和文森特明说：他更倾向于旁敲侧击，让他自己放弃。

　　尽管如此，莫夫依旧建议文森特专心画水彩，这样还能卖点钱，但文森特坚持要画素描。于是，莫夫便向文森特之前的老板特斯特格求助。特斯特格批评文森特无法正确地画出人体比例。文森特一言不发地表示赞同。他深知自己的手非常笨拙，但他相信只要坚持练习，这只顽固的手终会听从自己的指挥。特斯特格凭借其专业的眼光认为文森特的绘画既"不讨人喜欢"又"卖不出去"。他不放过任何机会，执意向文森特说明自己的看法。在他看来，文森特没有任何天赋，他涂出来的东西只不过是糊弄人的，他应该毫不迟疑地换个职业。特斯特格总结道："很清楚，在我看来，你显然成不了艺术家。"

长久以来，文森特对于特斯特格一直心怀怨恨，但仍表现得较为克制。现在，事情越来越清楚了：特斯特格成了势不两立的敌人。

　　一个月后，莫夫禁止文森特进入他的画室，但依旧安慰他："文森特，当你画画时，你就是画家。"几周之后，两人在席凡宁根的沙丘上偶遇。文森特邀请莫夫去他家欣赏他新画的作品。但莫夫回答道："我肯定不会去您家里的。我们之间已经结束了。您的性格太糟了。"在海牙的一段时间里，文森特与所有人争执不休。连他都这么评价自己："我真是个狂热分子！"

　　文森特突然意识到他每个月拿到的钱不是父亲给的，而来自弟弟提奥。对弟弟，他不再请求，而是索求。他不感谢，只是把这些账都记了下来。对他来说，每月一百法郎应该足够了——需要负担家庭的工人一个月才挣二十几法郎——但文森特总想要更多。他花钱大手大脚，从不吝啬，花重金装饰公寓，购买书、昂贵的笔杆、新画架；他不停地招模特，还雇了一位少女来打扫卫生。他来海牙五个月后，买了超过一千张版画和插画。现在，他每个月问弟弟要一百五十法郎，也就是弟弟一半的月薪。

＊＊＊

　　文森特花很多时间寻找模特。当他不去街上招模特时，他就会进入施汤站[63]、孤儿院、养老院里面寻找。那些进入他画室的男人、女人们成了他的玩偶，任由他摆布，他更喜欢那些能引起怜悯的姿势：弓着腰、用铲子铲、拾穗、蜷缩成一团、头埋在手里。他自视为"人民的画家"：一位与工人和穷人共命运的画家。

　　海牙，1882年初。——文森特终于忘记了凯特。然而，他需要女人，他无法
接受没有爱情的生活，否则他觉得自己快要"僵掉了"。

　　在贫民区的一家咖啡馆里，文森特遇到了克拉西娜·玛丽亚·霍尼克——
一位嗜酒如命的三十二岁妓女。她看上去比实际年龄老十岁。她出身贫苦家庭，
家里有十一个孩子。夜里，她在寒冷的街道上揽客。她穷苦的样子让文森特很感
动。他叫她西恩（Sien）。起初，他聘她为模特。整个冬天，为了作画，他让她
摆出各种姿势。

　　人们都说她"年老色衰"，但在文森特看来，"她脸部的线条简单但不失优雅"。她身材比较高大，但很瘦；她眼神空洞，脸上满是麻子；先前喉部的疾病使她的声音变得沙哑；她的手是贫民的手，带着劳作的痕迹。大部分人都厌恶她，觉得她难以忍受。但文森特认为这位"丑陋、衰老、贫穷"的女性并不惹人厌，他甚至觉得她身上有种"历经生活考验的女性们独有的、某种无法言喻但使她们的容颜充满魅力的衰颓感"。

二十五岁时，西恩生下了她的第一个孩子，但只活了几天。她第二个孩子现在已是十五岁的少女了。因为父亲把她抛弃了，所以她依旧和西恩生活在一起。西恩的第三个孩子是个男孩，但在四岁那年去世了。现在她又怀孕了，但生父不详——"牧师们在讲道台上诅咒、谴责和羞辱的正是这样的女人"。

在孩子出生前几周，文森特仍然没有向提奥透露任何有关这段关系的事情。他在信中小心翼翼地隐瞒了真相。

西恩住的房子非常简陋，几乎没怎么布置，地板上铺着席子和旧地毯。屋里有做饭的炉子，一个五斗橱和一张大床，"总之，是真正的工人住的房子"。文森特感觉很舒适，他还给西恩付房租。一开始，西恩对文森特来说就是个孤僻的女人，和他一样孤独、不幸。"但渐渐地，我们的感情在不知不觉中发生了变化。我们彼此需要，我们再也离不开彼此。我们的生活交织在一起，爱就是这样产生的。"

文森特将西恩从极度的困苦中拯救了出来。他自己的苦难也得到了救赎。"没人对她感兴趣，没人要她；她很孤单，感觉就像一件被扔在街上的可怜的破衣服。我把她捡起来，给了她我所能给予的最大程度的爱、温柔和照顾。"

文森特让她洗澡、服用补品，因为"在同样的情况下，任何人都会这么做"。他很同情西恩，恳求道："我只要求一件事情：就是让我去爱西恩，我可怜的蠢女人，去照顾她，只要我目前贫穷的状况允许；而不以拆散我们、阻挠我们或者使我们痛苦的目的介入我们。"

西恩很漠然，她咒骂，吐口水，抽烟，买醉。但文森特不想和她分开："和一个坏婊子在一起也好过一个人生活。"

她把淋病传给了文森特，文森特不得不去海牙的医院治疗一个月。治疗过程令人难以忍受。他一出院，西恩就向他求救：她快生了，被折磨得不行了。五个医生围着她，最终给她注射了氯仿麻醉。孩子是被产钳夹出来的。

　　由于生产过程特别痛苦，医生预测彻底恢复需要等上好几年。"相比于女性生孩子时的痛苦，我们男性遭受的苦难又算什么呢？"新生儿睡在摇篮里，"像个小哲学家"。出于感激或算计，母亲西恩用文森特的中间名给孩子命了名：威廉（Willem）。文森特难以抑制他的喜悦："我今天因太过幸福而落泪了。"但西恩和两个孩子住在哪里呢？文森特租到了阁楼的房子，里面有临时的简易家具，他还买了一个摇篮。他的家庭生活开始了。

　　白天，文森特离开家，去席凡宁根港口和沙丘边上画画。十二幅钢笔画的海牙小景可以赚几个小钱。他的画依旧是炭黑色的，因为他拒绝使用辉柏嘉或孔蒂[64]的素描铅笔。他用粗石墨芯、木工铅笔或黑粉笔直接画。他也不喜欢高雅的细钢笔，但他第一次尝试使用削过的芦苇秆作画。

　　此时，文森特深知自己的画仍有很多不足，它们不够精确而且看上去黑乎乎的。

　　有时，文森特感到很气馁，但很快又改变了态度：对这样或那样的主题、对自己搭建的空间、料想到的光线和开启的灵魂重新充满热情。即便他什么画也卖不出去，即便他自己也觉得画作很笨拙、未完成且不讨人喜欢，但他仍然没有放弃。

　　家里人都质疑文森特，提奥却相反，他对哥哥深信不疑。他坚持继续每月给哥哥寄钱，而且从不要求回报。他对哥哥的爱是无条件的：他默默忍受一切，包括文森特的忘恩负义和喜怒无常。在这还未成形的作品中，提奥看到了所有人都还未看到的东西。

　　提奥不仅是哥哥的资助者，也是他的知己。文森特在信中吐露的不仅是他的志向，还有他对外人羞于启齿的痛苦。一种感觉总是重现：失败感。他多次称自己为"失败者"："大部分人怎么看我？无用之人、怪人、讨厌的家伙——一个没有社会地位、将来也不会有出息的人。总之，一无是处的人。"

　　尽管他在神学领域没有造诣；尽管他的伴侣是个妓女，还有好几个私生子；尽管所有人对他的画都没有兴趣，而且更糟糕的是，它们只招来别人的厌恶和嘲笑。但这位"失败者"蔑视成功、社会礼仪、虚情假意、宗教制度的傲慢，一句话：他蔑视整个社会。他诅咒进步，在他看来，只有适度的善意才能创造文明。然而，在现实社会里，上层阶级无情地践踏弱者，不给他们任何尊严：和上层阶级交往，无法获得任何救赎。

　　文森特只相信怜悯和无私的爱。在内心深处，他相信艺术，相信能使已创造的世界和还未被创造的世界混合的神秘力量。尽管他不自信，但内心深处他觉得自己是个创造者，被赋予了无法逃避的使命。因为"只有那些有宗教般信仰，且对无限有独特看法的人才能成为艺术家"。

　　文森特笃信自己的使命，愈加勤奋地作画。然而，他不但没有从景色中汲取灵感，反而更加坚定地创作卖不出去的人物肖像：工人、劳动者、各种穷人。

　　文森特的画不仅找不到买主，而且模特摆造型的时间很长、价格昂贵。他的画再现人物的方式很笨拙：人物的腿、手臂和手看上去不成比例；人物的面部都带着愠色和皱纹，因使用木炭或浅灰色油画颜料而显得更加阴郁。但他为数不多的风景画则恰恰相反，显得特别真实，以至于这些景色都沉浸在某种过分渲染的悲伤中：低沉的天空、泥泞的小路、光秃秃的树。他向提奥袒露："很明显，我不是个风景画家。当我画风景时，风景内部总会有属于人物的东西。"

　　这句评价并非无关紧要。文森特更欣赏肖像艺术，但人们并不买账，部分原因在于文森特怪诞的举止。在那些同意为他摆造型的人当中，一部分人害怕了，另一部分人看到肖像之后很伤心。之后，文森特开始用削过的芦苇秆作画，他像画风景一样画人物，而他的风景则充满灵魂。当他画油画时，他付出的代价显然更高昂，这对那个不再能吃饱饭的小家庭而言极为不利。他自己不得不长时间禁食。他整个人都表现出贫穷和匮乏：他的衣服是劣质的布料剪裁的，经过数次缝补后满是补丁；他的鞋子因磨损而变形。

一天，一位妇女要来文森特家做模特。但因缺钱，文森特改变了主意。可这位妇女还是来了。文森特想把她送走，但她回答说："我不是来做模特的，我是来看看您是不是有东西吃。"她在桌子上放了一些青豆和几个土豆。文森特很感动："不管怎样，生活中仍会有奇妙的事情。"

画了很长时间农民之后，文森特开始对无产阶级——现代社会的奴隶产生了兴趣。他知道他应该坚持，直到耗尽这个主题。他也很清楚，通过绘画展示世界苦难的同时，他给自己判了刑，他不得不生活得更加贫苦。这是他作品深入"民心"的代价，只有变得更加谦逊，他才能"如实地抓住当下的生活"。

文森特没有丝毫顾虑地从弟弟那里得到了"加薪"：从每个月一百法郎涨到了一百五十法郎。他很难过，他承认没有成功地创作出一幅能卖得出去的画："我不知道如何解释为什么我做不到。"

文森特的日常生活是种折磨，偶有喘息之机。西恩性情多变、易怒，经常喝得烂醉。她的懒惰激怒了文森特，而文森特同样使她痛心。只有那个还只能在地上爬、时不时发出喜悦叫声的小男孩能使他暂时忘却不幸："只要我一到家，我就无法让他远离我。我画画时，他过来拉我的衣角，或者沿着我的腿滑下去，直到我把他抱到膝盖上。他常静静地玩弄一小片纸、一小段细绳或者一支旧画笔。他总是心情很好。如果他继续这样，长大后应该会比我强得多。"

很长一段时间，文森特曾经希望从别人那里得到一点同情，但事与愿违。于是，他变得漠然，有时甚至有些恶毒，喜欢火上浇油。他看上去"忧郁、多疑、难相处"。和别人相处对他来说很痛苦，即便是最无足轻重的往来。这不仅源自他的厌世，还有他极度的敏感。这种敏感在"黑暗的年代"——那些整夜露宿在寒冷街头、缺钱、对自己的未来充满不确定、与家人争吵不断的年代——与日俱增。在他眼里，尽管是自己造成的苦难，但足以解释他情绪的剧烈波动以及长时间的抑郁。

他从早到晚都在画西恩。在一幅题为"悲伤"的肖像中，西恩是全裸的，蜷缩成一团，松弛的肚子和胸部看上去精疲力尽。世界的苦难浓缩在这清醒的视角里。文森特并没有因此而绝望：他建立了家庭，尽管家里只有穷画家、妓女和两个私生子，但这依旧是个小家庭，而且完全符合他对人性的看法。他对西恩的爱不抱幻想，但他仍不愿抛弃她，因为他担心她会变成疯子。当她的暴脾气失控时，文森特总能使她找回"不可言喻的""某种平静"；他总是能使她安静下来。然而，西恩不看书，而且对艺术不感兴趣，文森特对此感到很遗憾。他幻想着也许以后事情会发生转机，那时他们之间就会产生另一种联系。对文森特来说，文学、艺术与现实是一体的："我认为与生活在现实之外的人交往不愉快；生活在现实中心的人可以知道一切，理解一切。要是我不在现实中寻找艺术，那么在我眼里，西恩或许看起来或多或少有点傻乎乎的；当然，尽管我更希望事情不是现在这个样子，但我对现实很满足。"

目前，现实既不在书里，也不在画里，但存在于和孩子们在一起的混杂环境中。文森特尽可能地逃避现实，只要天气允许，他就跑到户外作画。他苦涩地讥讽道："西恩就像只把孵出来的小鸡带在身后的抱窝鸡。但有一点不同：抱窝鸡可是种很迷人的动物。"

文森特所能提供的物质支持太薄弱了，西恩又开始卖淫。她的母亲和弟弟反对她和既没钱又没前途的画家在一起，但他们鼓励西恩重操旧业：这样的话，她至少可以养活两个孩子。

　　文森特让她发誓再也不去站街，并得到了西恩的承诺。但她信守诺言了吗？
文森特想要亲眼看看："西恩尽管很堕落，但看上去出奇的纯洁。我们甚至可以
说，在她内心深处有些事物被保留了下来，并在她灵魂、心灵和精神的废墟下倔
强地存活着。"文森特希望她变得更好，这是他发自内心的想法，尽管她对自己
并不友善。她的本质不坏，文森特自言自语道。但她甚至连善良是什么都不知
道，她又该如何变得善良？ —— "生活又恢复了脏水的颜色，看上去如同一堆
灰烬。"

文森特病得越来越重：过度神经质、高烧、失去意识、胃痛、眩晕。他毫不气馁，坚持不懈地继续作画。他意识到了成为艺术家的宿命："我有一定的义务和责任：要心怀感激地以素描或油画作品的形式留下某些回忆。因此，我是这么看待自己的——在我面前，是几年内我需要完成的、充满灵魂和爱的东西，我要满腔热情地去干。如果我活得长，那就太好了，但我不愿去想。在这几年间，有些事情必须完成。"

西恩和文森特不停吵架。西恩也承认自己一直麻木不仁且懒惰，她认为自己就是个婊子："对我来说，没有除卖淫外的其他出路，除了去死。"然而，文森特却提出了结婚，以至于提奥开始担心哥哥精神是否正常。提奥认为西恩就是"年老色衰的婊子"，而且拒绝文森特收养"婊子的孩子们"。他甚至警告文森特：如果父母知道他的结婚计划，他们会再把他监禁起来。"别和她结婚。"提奥在信中无情地写道。他甚至同意再支付一年赡养西恩的费用，但只有一个条件，就是放弃结婚计划。文森特同意了。此后，兄弟间的通信越来越频繁、密切，提奥向哥哥承认自己在巴黎也遇到了某个叫玛丽的站街女，她生活很悲惨，体弱多病且被人抛弃。提奥收留了她，她成了提奥的情妇。

西恩并没有信守诺言。她听从了母亲和弟弟的话，试图重回妓院。文森特知道后勃然大怒。他认为西恩太堕落了，无法重新站起来。他们决定分开，待在一起只会导致灾难。文森特说服自己相信这个决定是有理有据的。他坚信自己的使命："我认为我的第一要务在于画画，我的工作应该排在这个女人前面。"

在巴黎，人们谈论印象派还不到十年的时间。提奥努力让哥哥注意到这个新兴的流派。提奥认为这种全新的绘画很适合文森特，因为它并不要求细节上的精确和造型上灵活。但文森特并未准备好接纳光线，更别提色彩了。

　　渐渐地，提奥厌倦了资助哥哥。他已经受够了哥哥的指责和要求。他不愿每月给哥哥寄一百五十法郎，因为这些钱都会付之东流。他要求哥哥找个工作。但这并没有使文森特局促不安，他讽刺提奥的上流生活、他的保守主义和资产阶级背景，也责怪弟弟没能为售出自己的画做任何努力。提奥让步了。

文森特没见到他的死对头特斯特格已经一年了。他决定和他正面交锋。为了展现他的好意，他给他寄去了一张画着一排挖掘工的画作。特斯特格冷冷地回复道："至于那幅画，我去年和你说过了，你应该画水彩，因为这幅画根本卖不出去。画卖得出去的画才是你的第一要务。"

　　文森特三十岁了。他的额头上有了皱纹，他的手都皲裂了。他看上去有四十岁："我正走向一个关键的年代：水涨高了，涨高了，直到我的嘴唇那里，甚至更高。如何未卜先知呢？"他因逝去的青春而痛苦，诅咒他的年代，那个到处是工厂和铁路的年代，随之而来的是贫穷和苦难。他在机器前哭泣，因为机器夺去了乡村最朴实的诗意。

　　1883年9月。——文森特准备离开海牙，前往德伦特省生活一段时间。该省位于荷兰东北部，靠近德国边境。在火车站站台上，西恩前来给他送行。她怀里抱着一岁的小威廉。文森特对这一幕记忆犹新："这个小人儿很喜欢我，我坐在车厢里时，他还在我的膝盖上。我想，就这样，我们彼此分开了，带着难以言喻的悲伤，仅此而已。"

***

　　在莱顿医院，西恩生下了第六个孩子。文森特是孩子的父亲吗？我们不得而知。提奥幻想着娶玛丽已经有些时日了，那个他在街上认识并收留的可怜女人。他冒险向父母征求意见。多鲁斯坚决不同意，他认为"和比自己低等的女性结合是不道德的"。

　　德伦特省。该地区气候阴沉，土地平坦得令人绝望：一望无垠的平原连成一片，地面上的运河如抓痕一般，到处散落着风磨，"凄凉的土地上满是欧石楠，还有一直在腐化的泥炭"。到处都是白寥寥的天空，平坦的地平线那头什么也没有。这是片荒野，几乎是处女地。婴儿的死亡率很高，酗酒和犯罪肆虐。

　　文森特在霍赫芬下了火车，然后前往离该地二十五公里的村庄，并在那里住下。村民们用怀疑甚至嫌弃的目光上下打量着他。他们从未见过这样的狂热分子。

　　只要文森特经过，村民们就会嘲笑他，把他当作"可怜的小贩"或者"疯子"。
　　文森特尝试着接近泥炭矿工和船员，但这些人都很顽固、封闭，只关心生计。他们不会感情用事。在这样充满敌意的氛围下，文森特觉得自己就是个外人。居民们拒绝给他做模特，除了一位愿意在田地里给她摆姿势的老农妇。尽管四处碰壁，但他仍试图笑脸相迎。

  他还是收到了一个好消息：面对母亲和弟弟不怀好意的劝诫，西恩没有让步，她没有回到妓院，而是找了份洗衣工的活儿。从那时起，只要看到抱孩子的女人，文森特就会不自觉地泪目："我一想起西恩，内心就很忧伤。她实在是可怜、可怜、太可怜了！"

  三周过去了，文森特写道："我是如此的忧郁，以至于画画都无法排遣。我必须画画，更坚定地画下去——在画画中忘记自我，否则，我将无法忍受这一切。"

　　文森特越来越受不了村民们的苛刻和风景的素淡，他努力无视这些，甚至将自己的处境极度理想化。他建议提奥来这里与他团聚，建议弟弟放弃画商的职业，和他一样做画家："我在你身上看到了艺术家的影子，你会成为艺术家的。"正如他崇拜的龚古尔兄弟，以后肯定会有凡·高兄弟。文森特鼓励提奥找回自己的"男子气概"，即他充满人性的一面——这是艺术家的首要属性。文森特很确信弟弟是位天生的画家："我是如此坚信你的艺术天赋。在我看来，只要你拿起画笔或粉笔，就能成为艺术家。"

　　如果提奥辞职了，兄弟俩怎么活下去呢？文森特全都想好了：在德伦特省，住在一起的生活成本并不高，这样他们还能存些钱；而且他们的父母无法拒绝资助他们最宠爱的儿子，父母会帮助他成为画家，如此一来，他们就会认可文森特的艺术家潜质。

　　这样的劝导传递着几乎是爱的信息，表达着类似于求婚的交融渴望。文森特甚至还想叫上玛丽一起，条件是她也画画。

1883 年 12 月初。——文森特一时冲动离开了德伦特省，没有预先通知任何人。他应该在那里待一年，但他只坚持了三个月。他又一次失败了。然而，他并没有让自己被打败。他很清醒地做了小结，还不忘重述自己的角色和志向："考虑到我仅剩的用于画画的时间——我认为自己的身体还能撑个好几年，比如六到十年——我一点儿也不打算对自己宽容，也不会回避任何感情和困难；相对而言，我不是很在意寿命的长短。但我很清楚，我需要在短短几年内完成一个明确的使命。世界对我感兴趣，仅是因为我有债要还，有使命要完成。三十年间，我到处流浪。我心怀感激地以素描或油画的形式留下纪念，这不是为了讨好某群人或某些流派，而是因为这些作品诉说着某种充满人性的真挚情感。这就是为什么这样的作品是个目标。"

文森特嘴里叼着烟斗，身穿羊毛短衬裤，带着草帽，背着笨重的画具和包袱，步行前往霍赫芬火车站。他在居民们的嘲笑和辱骂声中穿过村庄。在荒无人烟的旷野上，他冒着风雪一连走了几个小时，内心无比绝望，眼中饱含泪水。

***

12 月底。——他的父亲又经历了一次职位调动。当时，他被调到布拉班特天主教占主导地位的纽南镇已有几个月了，他在那里继续做牧师。

文森特可不是圣经中的回头浪子[65]，更不指望与父亲和解：他是回来算账的。他到家时，家中的氛围冷冰冰的。两天内，没人敢提及那些会引发愤怒和抱怨的话题。第三天，文森特忍不住了，他开始进攻。他要求父亲承认，两年前父亲将他赶出了家门，此举深深伤害了他。但多鲁斯什么也不想听。充满怨恨的文森特开始历数父亲的不是：不公正、执拗、狭隘、自负、专制，尤其是过于沉浸在"牧师的虚荣"。多鲁斯反唇相讥：画那些根本卖不出去的东西有什么用？"你就是个蹩脚画家"。父亲还指责他依赖弟弟的资助。在他看来，文森特就是一条只会乱叫的野狗，"肮脏的畜生"。文森特在给弟弟的信中间接回应了父亲的指责："我是个肮脏的畜生，但畜生也有充满人性的故事。无论是哪条狗，都有人的灵魂。这个灵魂纯粹而敏感，足以让它感受到人们是怎么看待它的。这条狗知道，如果人们养着它，就意味着可以容忍它。而'在这个家里'，它只想着去别的地儿找个窝。或许，这条狗以前曾经是帕的儿子，帕太过放纵它，让它在街上跑得太多了，不可避免地变得粗野。要是这条狗疯了，要是村警察被叫来杀掉它，它可能还会咬人。这条狗后悔的仅是没能留在原地，因为在那个家里比在（野外的）欧石楠堆里更孤独 ——尽管他们很友善，但我还是认出了我自己：我就是那条狗。"

他父亲认为文森特最大的错在于远离了上帝，甚至声称自己是无神论者。父亲和儿子之间从此隔着深渊："从今往后，即便在心底最深处，我们再也无法和解了。"文森特在纽南待了两年，整天公然地无视父母，仅用简短的便笺与他们交流。莫和多鲁斯仍然试图维持关系。他们践行宗教的训令，努力表现得通情达理。他们给儿子买衣服，并提出要借钱给他，以支付画具开销。他们装作对他的作品很感兴趣并赞美他。这样的亲子关系很矛盾：当父母威胁要赶走他时，他却坚持要留下来；当他们请他留下来时，他却声称要离开。

文森特画了家里的庭院 ——中规中矩但很空旷，参差不齐的大树下闪过一个充满着哀伤的人物剪影，在画纸下方，文森特题写："忧伤"。

　　纽南的居民们一辈子从未见过画家，更不用说父亲是牧师的画家了。这位画家咒骂一切，穿得像流浪汉一样，既不吃肉也不吃甜食，过量抽烟，还喝白兰地。人们称他为"纽南的小疯子"或者"画家人儿"，又或是"小蹩脚画家"，或更简单一些："红棕发色的人。"有位村民这么描述他："他不热情，而且很怪。他经常生气，低声埋怨。"另一位村民补充道："他留着乱糟糟的红棕色胡子，特别丑陋。"

　　最后，一个年轻的男孩回忆道："他站在离画架有一定距离的地方，双手交叉放在胸前，眼睛长时间紧盯着画。突然，他起身，像是要向画布发起攻击。他飞快地画了两三笔，然后又重新坐下来，眯着眼睛，擦了下额头，然后搓搓手。在村子里，人们都说他疯了。"

　　现在，文森特不再画农民，而是开始尝试画织布工人。他努力在画面上再现织布工人辛苦劳作时使用的重型织布机。

　　如此复杂的机器令文森特着迷。同样令他着迷的还有在孤独中工作的工匠们。他们被关在光线微弱的机房里。多鲁斯很懊恼："他不画风景真是太遗憾了。"

　　文森特受够了现状。此后，他将父亲视作"他最大的敌人"，并且很后悔没能直言不讳地谈论更多自己对他的看法。他离开了家中被他用作画室的洗衣间，住进了天主教堂圣器室管理人租给他的两居室。这个公寓之前住的是祈祷学校和编织学校的学生。对多鲁斯而言，住在教皇主义者家里是又一次令人无法接受的挑衅。

　　文森特和几个愿意向他敞开大门的农民和工匠一起度过白天的时光。然而他拒绝和他们一起吃饭，拒绝肉、蔬菜和水果："这一切都是为我准备的吗？我不应该吃这么好的食物。我太宠爱自己了。"他觉得吃干面包和奶酪就够了。他不再将自己视作"画农民的画家"，而是"农民画家"。正如摞起干草堆的农民一样，文森特也以绘画研究上的收获来结束一天的工作："我在我的画布上工作，跟他们在田里耕作一样。"

　　1884 年 1 月。——他和提奥的关系正在恶化。文森特指责提奥无数次拒绝
接受西恩，也指责他一直待在古皮尔集团，而不来德伦特省与他会合。提奥也丝
毫不隐瞒他的苦楚。为了让哥哥不再回父母家住，提奥给文森特在巴黎一家名叫
《世界箴言报》的画报社找了个工作。但文森特并没有回复他的提议，因为他另
有打算。他希望提奥代表自己，把他的画在提奥工作的画廊或其他画廊里展出。
这样，提奥就不再只是自己的资助人，而是负责销售自己画作的商人。然而，在
提奥眼中，文森特的画依旧卖不出去。

文森特仍需要更努力地画画，提奥预测说："这还需要好几年。"为了不冒犯哥哥，1884年2月，提奥假装接受文森特提出的交易：作为每月寄款的回报，文森特需要把自己创作的所有画作都寄给提奥。事实上，提奥坚持要做文森特的赞助人，且不想让父母知道。

在纽南，文森特认识了玛格特·贝格曼，前牧师三个女儿中最小的那个。她四十三岁，单身。她疯狂地爱上了文森特。文森特对她的魅力也并非无动于衷，尤其是他还幻想着重新建立家庭。但贝格曼一家坚决反对他们的结合：他们认为文森特一无是处。玛格特什么也听不进去。她和文森特一起散步时，常常叨念："我这会儿想去死。"最终，她服下了士的宁、氯仿和阿片酊混合起来制成的毒药。她立刻被送去乌得勒支的某位医生那儿，捡回一命。

这个事件引起了公愤。贝格曼一家禁止他们的女儿与文森特相见，牧师则用尽各种办法，如道德胁迫、诽谤和威胁，来阻止居民们给这个罪人充当模特。

文森特深信声音与颜色之间的应和关联，于是决定在埃因霍温的一位老管风琴演奏家的指导下学习钢琴。但一直听学生把钢琴的声音与普鲁士蓝、深蓝、深赭石和亮镉色做比较，音乐老师受不了，于是终止了课程。

一位年轻的女孩同意经常来文森特家做模特。不久之后，她发现自己怀孕了。人们都怀疑孩子的父亲是文森特。人们到处妄加评论，流言蜚语中还夹杂着诽谤和敌意。对莫和多鲁斯而言，这令他们很沮丧：他们的儿子不停地使他们感到羞愧难当。

冬天到了，农民们的工作减少了。文森特能每天画上不少于五十幅肖像：粗糙的脸上满是痛苦，颧骨很高，眼神阴郁、惊恐。之后，文森特又请一家人在用餐时间给他摆造型，那些人面前放着一盘土豆和几杯咖啡。

　　昏暗的煤油灯下，几个农民坐在桌前：三个女人，两个男人，面容丑陋，画面看上去比真人更丑。这种丑陋因身体的变形和似绿非绿且带着淡褐色的——"深绿色肥皂的颜色"——阴沉色调而更加明显。文森特声称，这幅画表现了真相：它在外人难以融入的和谐氛围中捕捉到了属于底层人民的艰辛。这幅画题为《吃土豆的人》，我们经常能看到它的变体或石印复刻画。这幅画是文森特绘画剧场中最重要的一幕。

　　文森特怎么看这幅画？他告诉我们这是无法引起任何愉悦和明显食欲的一瞬间。这些吃饭的人肩负生活的重压。上帝才知道，那群在粗布衣服中耸肩缩颈、不得不在昏暗环境下吃饭的那些人，他们的生活是否难以忍受。

　　这幅画充满着人性，啊，多么人性啊！这群连太阳都照不到的小人物们，这种人性是某种被他们潜藏起来、令他们感到羞愧的人性。他们将这种人性洒遍整个乡村大地。

这是一幅没有耶稣的场景，除了墙上还挂着的那幅小小的耶稣受难像。在这幅画中，上帝缺席了。《旧约》中描写受难的暴力场景仅是他们最日常的苦难，时间被悬停了，苦役和劳作不断被重复。这些人仅做了祷告吗？他们有没有抬眼看下天空？但画上没有天空，只有被当作圣体饼的土豆。

这幅画极为丑陋，其异常明显的笨拙甚至让人不适。它使人恶心，并呼唤着最可鄙的怜悯。突然，文森特就在那里。他坐在桌前，拉着每个人的手并感恩那盘土豆。他在无限的怜悯中进行冥想；他只是在那里，手上全是泪水，但不做任何评判；他拥抱世界的苦难，任凭圣经之言放声号叫，他为了不会降临的救赎而奉献自己的笔触。他画出了自己的福音，而他正是救世主——那治愈者的灵魂，去亲吻那些他甚至自觉配不上之人的双脚。

他的作品具有高度的宗教属性，但不带任何宗教画中的那些浮夸"杂物堆"——宗教画里满是吮吸乳汁的圣婴、圣迹、酷刑、耶稣受难十字架和复活。在文森特的画上，只有围坐在穷酸食物周围的穷人；但一切已尽在画中。

如果说画《吃土豆的人》需要不断练习和忏悔，那么此后他又为自己设定了别的规则："画一次，一次画尽可能多。"他带着速写本踏遍了整个乡村，寻找新的茅草屋、新的模特。在路上，小男孩们追着嘲讽他。

　　1885年3月26日。——散步回来，文森特到达家中时，提奥多鲁斯·凡·高突然死于中风。不幸的巧合：1885年3月30日，多鲁斯下葬的那天正好是文森特三十二岁的生日。他最年长的妹妹安娜居然高声对文森特说出了其他人内心最隐秘的想法："是你害死了父亲！"

　　葬礼之后，文森特同弟弟的关系越来越亲近。他求提奥带他一起离开。但是对提奥来说，现在还为时过早。

公开遗嘱时，文森特拒绝了自己的那部分遗产。他宣称，鉴于先前与父亲之间的纠纷，他自觉没有资格接受这笔钱。但他接受了提奥每月的资助，并承认自己的绘画创作中有提奥的一半功劳：他的"资助人"给予他的不仅仅是物质支持，还有艺术层面的真实贡献。

　　画家凡·拉帕德收到画作《吃土豆的人》的石印复制品时，觉得文森特表现主题的方式太过肤浅，动作的描绘也很草率："看！我认为艺术实在太崇高了，以至于无法接受如此漫不经心的态度。"或许是骑士凡·拉帕德的社会地位使他无法欣赏这样一幅描绘底层人民之悲伤与痛苦的画作。尽管如此，文森特还是和他过去五年来唯一的朋友闹僵了。

　　在纽南，他拒绝与接替父亲职位的牧师有任何关联："社会等级到底是什么？需要这些体面的人来叫卖的宗教到底是什么？噢！就是这些荒诞之言把社会变成了精神病院，变成了上下颠倒的世界——呵！这神秘主义！"

　　文森特画了一幅发人深省的画：在一盏熄灭的烛台边，放着一本灰色的圣经，正好翻到以赛亚书第五十三章，圣经旁边是黄色封皮的出自埃米尔·左拉之手的小说《生之悦》。

　　妹妹安娜希望在母亲莫身边待上一段时间。她决定立刻将文森特赶出去。她指责文森特想要像害死父亲一样害死莫。莫本人自多鲁斯去世后就拒绝邀请文森特一同进餐。家族的怨恨已到达顶峰，文森特不得不离开纽南。不管怎么说，他头顶上盘旋着家族的怨恨和居民们的恶言中伤。他需要去大城市迷失自我。

＊＊＊

　　1885年5月1日，他坐上第一班火车前往安特卫普。他把大约一百八十幅画和两百四十幅素描留给了布雷达的猪肉商，后者又转卖给了旧货商，而旧货商则以每幅画十生丁的价格将一部分廉价出售。村里的某个叫穆文先生的裁缝购买了其中最大部分的画作并将其保存。

抵达安特卫普后，文森特就为游客创作了一系列小画。唉！遗憾的是没有任何买家现身。他找商人帮忙，但他们都拒绝卖这些别致的风景画。

无论如何，文森特最喜欢画的还是那些贫穷而具有人性的灵魂："对我而言，可怜的流浪汉或者站街女的眼睛总是更有意思。"

9月，文森特首次在海牙某个颜料商家的橱窗里向公众展出几幅作品，但一幅也没卖掉。

安特卫普，1885年11月底。——文森特在位于图像街194号的颜料店楼上以每月二十五法郎的价格租了个小房间。在港口，文森特发现了水手们航行途中带回来的日本缩缅绘 [66]，他很欣赏这种画的简单。

文森特融入了熙熙攘攘的生活，融入了生活中的笑声和咒骂声，在手风琴的音乐中沉醉忘我。他只吃面包："来这里之后，我只吃过三顿热饭……"他常去逛妓院。

文森特经常去博物馆。他非常喜欢伦勃朗、弗朗斯·哈尔斯、乔登斯 [67]、雷斯达尔和范·戈因 [68]。鲁本斯的画作使他动情。他被鲁本斯画中色彩的光芒 ——尤其是深胭脂红和钴蓝色彻底征服了。对文森特而言，这是个启示。很快，他就抛弃了先前沉浸在灰色中的棕色和绿色色调，为彩色留出空间。此后，他再也不会像以前那样画画了。

为了忘却饥饿，他尽可能地抽烟，喝大量的咖啡。他体重的减轻令人不安。一天，文森特喝得烂醉如泥。他大声咒骂着，想要强行打开卡夫纳耶医生家的门。医生一开始拒绝，但最终还是接待了他。他以为文森特是个工人，铁器工人。文森特很高兴："这正是我希望实现的变化。年轻时，我的外表看上去像过度疲劳的知识分子，而现在我看上去像搬运废铁的船夫。"但他的病比想象的更严重。他经常吐灰色的液体。他的皮肤上满是下疳和溃疡。由于营养不良、进食过少，他的胃受到了损伤。另外，文森特还咳嗽 ——由抽烟过量引发的、持续时间越来越长的阵发性咳嗽。最后，他掉了不少牙齿。诊断很明确：他患上了梅毒。卡夫纳耶医生建议他在水银中长时间坐浴。这种疗法效果可疑，治标不治本，而且副作用非常大：胃痛、腹泻、贫血、视觉或听觉障碍、脱发、无力，还伴随着大量黏稠且发臭的唾液分泌。此外，过量使用水银还会导致精神错乱和死亡。

1886年1月18日。——文森特在安特卫普的皇家美术学院注册。他承认他作画时不够严谨，且无法准确地画出相似度高的人脸。所以他想从头开始，重新学习构图和绘画。课程免费，授课老师是热衷于学院派的当地画家维尔拉[69]先生。文森特引发了轰动，人们从各个教室跑来看他作画：他狂热地画着，厚厚的颜料一直流到地板上。学生们都放声大笑。维尔拉被惹怒了，他把文森特降级到了绘画初级班，并直言："我可不纠正那些烂狗……"。

文森特的一位同学这样描述他："他就是个棱角分明的面具，尖鼻子，在粗硬、凌乱、修剪得很糟糕的胡子中间插着个烟斗。"文森特穿着件布拉班特农民穿的旧蓝色罩衣，头戴皮帽。他没有半点牢骚地接受了同学们的嘲笑。他画了第一批自画像。

1886年2月。——文森特马上三十三岁了，但看上去像四十岁。牙医给他拔了十几颗蛀牙并尽可能粗糙地缝了下。文森特感觉很沮丧。年底的绘画大赛上，评委们把他降到了基础级别，即十五岁学生的水平。这使得文森特更加郁闷。

他觉得身体越来越虚弱。他希望至少活过四十岁，因为他"三十多岁才开始创作"。但他不是唯一受苦的人：整个社会都病了，社会走向灭亡也并非没有可能。他有预感："我们生活在19世纪的最后二十五年，这个世纪将会因超大规模的革命而终结。"

文森特想到了秋天黄昏落日的无限诗意。他观察到，正如大自然一样，社会正追逐着某个神秘的目标。腐败且散发恶臭的社会即将经受一场迫在眉睫的风暴，随之而来的将是新鲜而纯净的空气。

躁　动

　　在巴黎，提奥已成为位于蒙马特街 19 号前古皮尔分店的经理。该分店现已成为布索瓦拉东集团的画廊之一。提奥对他卖出的画并不感兴趣，他更喜欢印象派的作品。

　　1886 年 2 月 28 日。——提奥收到了文森特的便条。突然造访巴黎的文森特约弟弟中午十二点在卢浮宫方形中庭见面。文森特来了，他边等弟弟边抽烟斗。但提奥赌气了，因为哥哥并没有提前通知他。他位于拉瓦尔街的公寓对两个人来说太小了：不可能有画室的位置。所以他们需要搬家。

　　提奥发了疯似的东奔西跑，终于在 6 月份找到了住处 ——位于勒匹克街 54 号的四楼：三个大房间，一个小点儿的房间和厨房，还有一个总是烧着的大暖炉 ——兄弟俩都特别怕冷。

　　在蒙马特，文森特注册了美院画家费尔南德·柯罗蒙[70]的画室。但老师和学生之间经常无法相互理解。好在柯罗蒙很宽容，即便文森特的态度和行为经常冒犯他。至于其他学生，他们不会放过任何嘲笑文森特的机会。

　　但有四位同学很尊重文森特：约翰·彼得·罗素[71]、路易·安克坦[72]、亨利·德·图卢兹 – 劳特累克[73]和稍晚些时候的埃米尔·伯纳德[74]。但文森特的画几乎无法给同学们留下深刻印象，他们认为他画得很笨拙。

　　提奥则成功说服了布索瓦拉东画廊的经理们，可以在商店楼层展出印象派画作。提奥还给文森特介绍印象派绘画：马奈[75]、雷诺阿、德加、莫奈、西斯莱和毕沙罗。虽然文森特被吸引了，但他更倾心于纳西丝·迪亚兹·德拉佩尼亚[76]和亨利·德·布雷克勒[77]笔下的风景。

此外，文森特还被蒙蒂切利[78]的画迷住了。提奥带他去看了德拉贝赫特画商那边收藏的为数不少的蒙蒂切利画作。

阿道夫·蒙蒂切利刚刚在马赛一个咖啡馆的露台上去世。去世时，他六十一岁，"既瘦弱又不幸"，且几乎无人知晓。他死于酗酒和精神失常。

蒙蒂切利1824年生于马赛，十九岁时北上来到巴黎，成为画家。要不是腿短，他本想从事戏剧行业。我们对他在巴黎的那几年一无所知。他可能过着放荡不羁的生活，可能常与塞尚相约在巴蒂诺尔大街的盖尔布瓦咖啡馆。

在去世前十五年，蒙蒂切利回到了马赛，住在巴泰勒米街。他的画室简直是"烂摊子"。他每天都画画，只要一画完，他就去附近的咖啡店换取些钱。他是个生性孤僻且未受到赏识的画家。他曾是杰出的肖像画家，后来才开始画法国南部的风景：成束的鲜花、景物、交谈中的女士。他的画因使用厚重的颜料、流动刺目的色彩而闪闪发光。鉴于他狂热的唯物主义思想和灵动的身体语言，他的定位在时间上远超过印象派，是表现主义[79]和斑点派[80]的预兆。

蒙蒂切利"有点疯疯癫癫，甚至很疯狂"。但文森特可能会说，他是"很稀有"的画家：他通过彻底革新来继承绘画传统。文森特自视为蒙蒂切利的儿子或者弟弟；他希望成为他的继承者，并不断重复他。

在画商宾那里，文森特出神地看着无数当时很时髦的日本版画，其中有喜多川歌麿[81]、葛饰北斋[82]和歌川广重[83]的作品。雕刻线条的精确、色调的均匀都给文森特留下了深刻的印象。他成功地在旧货商那里以低价买了一整套。他将这些画贴在房间的墙面上，先前墙面上已经有莫夫和伊斯拉埃尔画作的复制品了。

　　5月，在第八届也是最后一届印象派画展时，文森特发现了乔治·修拉[84]的作品《大碗岛的星期天下午》。点画法持续地影响着文森特，如他笔下某些巴黎的景色，尤其是他晚期的作品。他总结道："修拉是最出众的。"

　　文森特终于吃上了饱饭。每天，提奥带着他去阿贝斯街名为"巴塔耶嬷嬷家"的餐馆吃午饭。那里除了图卢兹－劳特累克外，还有让·饶勒斯[85]、弗朗索瓦·科佩[86]和卡蒂勒·孟戴斯[87]。晚餐则是煎饼磨坊的法式煎饼和白葡萄酒，只需花坐一回旋转木马的钱就能在那里跳华尔兹。当时人们可以去爱丽舍－蒙马特看拉古丽[88]跳舞；可以在苦役犯小酒馆扮演囚犯，那里的服务生也穿着苦役犯的囚服；可以在黑猫酒馆、"疾跑的母猪"和芦笛酒馆听阿里斯蒂德·布吕昂[89]唱歌、嬉笑怒骂。

　　通过提奥的引介，文森特认识了卡米耶·毕沙罗和他儿子吕西安[90]，后者也是画家。老毕沙罗对文森特某些画如《吃土豆的人》赞赏有加，而小毕沙罗则预感到文森特可能会疯掉，或者，他很快会在终点超越所有人。

　　1886 年夏天，文森特离开了柯罗蒙画室。他原本承诺在那里学习三年，但只待了不到三个月。此时的文森特很幸福，他带着画架去蒙马特高地、杜伊勒里公园、卢森堡公园和布洛涅森林作画。

　　文森特的画明亮起来，天空也变晴朗了。那些可怜的面容、弓起的背、土豆、空旷的地平线都消失了，它们都让位于光线、色彩和跃动的空气。他画了一束束的鲜花，还有差不多三十张自画像。他还画了他的《鞋》，他特意用泥土把鞋弄脏了，再把它们分开摆放。这双粗制皮鞋承载着刚刚过去的苦痛——冬天在荷兰泥泞的土地上精疲力尽地长途跋涉。他最后一次用回脏兮兮的灰色和带着棕色的绿色。这不再是一幅画，而是他未痊愈的伤口。

　　在令观者震惊之前，所有作品都需要摸索很长时间。文森特正处于大量学习时期。在新绘画流派的诸多画家中，他试图寻找自己作品的说服力。博里纳日矿工的辛酸生活、德伦特和布拉班特的农民与工匠，已经让位于法国庄严的首都，让位于巴黎如画般风景的愉悦，还有某种虚荣。他画了一些蒙马特高地风磨的绚丽景色。他只画他看到的东西。

　　他之所以不再试图表现精疲力尽身体背后的贫穷和令人厌恶的脸，是因为他现在更感兴趣的是复杂的色彩问题，尤其是色彩之间的关系，色彩引发的偶然效果和他通过使用色彩达到的意外效果——互补色调之间的巧妙游戏。加重的轮廓、浑厚的笔触、强烈的对比：重要的不再是灵感，而是风格，通过创作行为的变化形成属于他个人的、别人无法模仿的独特方式。谈及伊斯拉埃尔和莫夫时，他虽然不否认对他们画作的尊重和喜爱，但拒绝他们灰色基调的绘画，他不再想要那种很长时间使他的画作黯淡无光的"劣质咖啡"般的色调了。

　　自此以后，文森特的艺术需要色彩。绘画向他敞开。炼狱里的人物——农民
和无产者都消失了：文森特忘记了他的苦难，仿佛他的第一次生命已经在黑色土
地上，在细雨飘落、狂风肆虐且星辰黯淡的天空下终结了。

　　在画廊和沙龙里，他一丝不苟地观察着同代人的画作。他也开始尝试印象派
和点画派技巧。巴黎的屋顶向上无限延伸，如同重生的大海。

　　太阳不再遥远。它就在这里和那里，在公园茂密的枝叶间，在充满着希望的闪烁光点里。此时的文森特对这些仍旧持怀疑态度。他不想要印象派或者魔法师的星星。属于他的太阳还未到来，这个太阳将睁开巨眼，向世界投去惩罚的目光。文森特的巴黎主题画依旧很轻浮，显得很拘束。为了使用于表达的语汇更敏锐，专注于描画一束可怜的鲜花要比户外绘画更有利。他的画充满着莫奈闪烁的笔触和修拉画里的色点。留给文森特的路并不宽。

　　在蒙马特克洛赞尔街，文森特发现了唐基老爹颜料店。塞尚、莫奈、毕沙罗和雷诺阿都是这家店的顾客。朱利安·唐基曾是巴黎公社战士，凡尔赛分子抓捕了他，把他流放到布雷斯特的旧船上，关了两年。后来，他回到了巴黎，继续从事颜料生产工作。他的店里满是研磨用的石头和颜料瓶，也有他保管的画作。贪婪和金钱交易让他恶心。对他来说，每天花销超过五十生丁的人，就是"无赖"。

文森特和唐基老爹一拍即合。在举止放荡的文森特身上，唐基老爹看到了他乖张的性格，一颗无私的心。文森特在他那里购买大量颜料，因为他画起画来很狂热，有时甚至一个白天能画上三幅。

文森特特别不喜欢唐基老爹的妻子克桑提普，他认为她太"毒"了，还补充道："出于一种罕见的任性，唐基老妈和其他女士们的大脑如燧石或打火石一般。当然，这些在文明社会里活动的女士们远比巴斯德研究院里那些被疯狗咬伤的公民更有危害性。唐基老爹因而有无数个理由可以杀掉他老婆……但他并没有比苏格拉底做得更多……因此，与其说他与现代巴黎的皮条客有关，还不如说能长时间屈从且有耐心的唐基老爹，与古时候的基督徒、殉道者和奴隶不无关联。"

唐基老爹促成了文森特与塞尚的会面。为了逃离浮夸的巴黎，塞尚定居在普罗旺斯的艾克斯。他们之间就绘画进行了激烈的争辩。文森特为了更好地论证自己的观点，给塞尚看了不同的画，如风景、静物和自画像。而塞尚，一边听文森特的观点，一边长时间地审视这些画，离开时他愤愤地说："老实说，您的画是疯子画的！"

文森特成功地把自己的几幅画放在了位于马勒泽布大道拉菲特街的几位难对付画商的店里，以及安托万自由剧院的休息室里：它们被淹没在海报堆里。没人对画感兴趣。

一天晚上，文森特前去位于克里希大道 62 号新开的、名为"铃鼓"的意大利餐酒馆。报刊画家卡朗·达什[91]、福兰[92]、史太因林[93]还有作家阿方斯·阿莱[94]都是这里的常客。文森特迷恋上了老板娘阿戈斯蒂娜·塞加托里[95]。这是位美丽的女士，曾经给柯罗和热罗姆[96]做过模特。她成了文森特的情人。在铃鼓餐酒馆，打架斗殴和警察搜查是常有的事。一天晚上，文森特被一个嫉妒心很强的服务生踢出了酒馆，因为这个服务生也是老板娘的爱慕者。文森特又回到酒馆，和服务生相互打了几拳，正好被啤酒杯砸中了脸，满身是血地离开了。

　　文森特从老板娘"拉塞加托里"——人们都这么叫她——那里获准展出一整套日本版画，并可以把自己的画作挂在伯纳德、安克坦和图卢兹－劳特累克的画作旁一同展出。按照画商安伯斯·瓦拉尔的说法，第一场展览以"成功地引发笑声"告终。文森特和阿戈斯蒂娜·塞加托里的关系也未能长久。这是个水性杨花且并非真正自由的伴侣。有一天，她声称很痛苦。她怀孕了吗？她去堕胎了吗？她流产了吗？他们共同决定分手。文森特依然保留着对她的感情，正如两张动人的肖像所证实的那样。

夜生活很紧凑。文森特常常去蒙马特的好几家咖啡馆和餐馆。即便在争论中他很容易反应过激，即便他只接受自己的看法，但他和不少艺术家交情甚好。和朋友们一起时，他总会喝太多酒：下午喝苦艾酒，晚餐喝红葡萄酒，夜里是不限量的啤酒，还有白天任何时候都能喝上几口的白兰地。他一喝醉就很容易胡言乱语。如果说这样做伤害了谁，那最受伤害的应该是他自己。提奥因此而受罪，他曾对妹妹威廉明娜倾诉："文森特身上好像住着两个人，一个有着不可思议的才华、敏感且温柔，另一个既自私又狠心。"

文森特没有条理，很随便地对待自己和提奥的衣物。他把乱七八糟的衣服丢到刚刚画好还没干的画上，用提奥的袜子擦画笔，还把颜料桶放得到处都是。当他们邀请、会见收藏家或画商时，文森特总是表现得太过头了，以至于提奥最后都不敢出门了。他再也不邀请任何人来家里，因为"文森特只想吵架"。晚上，当他精疲力尽地从画廊回来时，文森特还强拉着他听自己讲艺术理论和画作交易，一直讲到深夜。当提奥实在受不了时，他就躲到自己的房间。文森特还会追过去和他继续论战。

提奥在给妹妹的信中写道："他从不放过任何机会让我感觉到他讨厌我，我让他恶心。"他终于说道："我曾经很爱文森特，他曾是我最好的朋友。现在，一切都结束了。"

然而，在朋友们眼里，文森特确实有比较重要的优点：那就是他的慷慨，还有欣赏能力。他试图把那些时常倾向于讲人坏话且不团结的画家们归在同一旗帜下，即"小林荫道"画家，与此对应的是通过"大林荫道"画廊为人熟知的印象派画家。

　　然而，根据苏珊娜·瓦拉东[97]的说法，文森特很难融入巴黎圈子。当他走进劳特累克画室，把很重的一幅画放在角落里，希望引起一点儿注意时，没人和他说话。他坐下来，和别人交换了下眼神，然后就用胳膊夹着画离开了。接下来的一周，同样的一幕还会重演。

　　1878 年世界博览会，日本馆作为最具代表性的特展馆参展。此后，巴黎掀起了日本化热潮。文森特靠赊账买了超过一千幅日本缩缅绘和版画。

　　文森特经常离开蒙马特，步行前往郊区。他有时最远能走到阿尼埃、大碗岛、叙雷讷、沙图和布吉瓦尔。他和保罗·西涅克[98]一起循着最早一批印象派画家们的路线前行。他在唐基老爹颜料店里遇到西涅克。文森特很喜欢和他一起吃饭。他们两人一直画到晚上才回巴黎。

　　在阿尼埃，文森特还常与埃米尔·伯纳德往来。伯纳德的父母在离大碗岛几步之遥的地方有房子。在这座房子的院子里，伯纳德搭建了一间简陋的小木屋用来做画室。

　　无论天气如何，文森特都会作画。他画得很快，游刃有余。他远离印象派的光线，为的是借助画上均匀呈现的"红色绿色之间、蓝色和橘色之间、硫黄色和淡紫色之间的对比"来寻找风景的结构。他不想知道事物如何逐渐消失：他只关心它们的密度。

　　一天，他与埃米尔·伯纳德的父亲发生了口角，他指责伯纳德父亲阻止儿子继续做艺术家。大家争吵得越来越厉害。怒气未消的文森特离开了餐桌。他再也没有回来。

1887 年秋，鉴于没有任何商人注意到巴黎年轻的艺术家们，文森特向克里希大道上一个很受欢迎的餐馆——"大肉汤"的老板提议在饭店墙上组织一次展览。"大肉汤"内墙高十米，宽三十米，而且有个大玻璃天窗。整个室内看上去就像"卫理公会的小教堂"。

　　这次展览并不面向资产阶级公众，而是面向普通老百姓，便于后者能发现新的绘画。很快，在"小林荫道印象派"的名号下，文森特组织了十几幅西涅克、埃米尔·伯纳德、安克坦、图卢兹－劳特累克和科宁[99]的画作，还有一百多幅自己的作品，把它们挂在宽敞的餐厅内。顾客们除了嘲笑之外根本不理会这些画作。

　　令文森特震惊的是，通常态度很淡漠的色彩－光点派或者点画派大师乔治·修拉本人也来参观展览。他们俩相互交谈，看上去都很尊敬对方，因为修拉邀请他的同仁去他的画室会面。

　　除了毕沙罗和基约曼[100]，另一位参观者也出现在了"大肉汤"：高更[101]。他刚刚从马提尼克岛回来。五年前，他从待遇很好的贝尔当银行离职，全身心投入绘画中。他的妻子带着他们的五个孩子回到了丹麦老家。当经济条件允许时，他就力所能及地给他们寄一些钱。

　　高更个性强烈：他身着深色紧身上衣，头戴卷毛羔皮帽，是拳击和剑术爱好者，且很容易和别人打起来。尽管他只有一米六二，但总能占上风。他身上散发出"某种他本人都很难控制的威胁性力量"。他散步时常常带着自己雕刻的手杖。这位知道自己价值并且知道如何展示自己价值的人给文森特留下了深刻的印象。

　　提奥决定在自己工作的画廊展出马提尼克岛主题画作。看到这些画时，文森特被彻底迷住了。

　　文森特和高更一起参观画室，也很乐意和他一起喝上一瓶苦艾酒。和往常一样，谈论到绘画时，文森特迷失在了理论和论争里。

　　冬天到了——一个不再适合文森特的季节。他很想念夏日的阳光。法国首都使他恼火，尤其是"该死的巴黎葡萄酒和牛排上的厚油脂"。根据里韦医生的诊断，文森特处于"梅毒三期"。他感到浑身无力，但拒绝接受医生开给他的以碘化钾为基础的新疗法。

　　铃鼓餐酒馆倒闭了。文森特留在那里的画被打包出售，每十幅一捆，每捆"五十生丁到一法郎"。

　　1887年底，由于他奇怪的举止和易怒的性格，警察以扰乱公共道路秩序为由禁止文森特在街上作画。

　　他和提奥的关系越来越恶化。文森特总是埋怨弟弟没能卖出他的画作。他的情绪波动甚是可憎。对文森特来说，是时候离开了。

巴黎，1888年2月20日。——文森特参观了修拉的画室。他和他的朋友埃米尔·伯纳德告别。他走向当时更名为里昂火车站的南法火车站。他登上了前往阿尔勒的火车。突然间，提奥变成孤身一人："距离文森特来到这里已经两年了，我没料想到我们会如此依恋对方。"

在这两年之后，文森特自觉"很伤心，甚至到了生病、酗酒的程度……"。他迫不及待地要去法国南部走一走。

"我们想要更为音乐化的生活"

　　列车穿过普罗旺斯，文森特很感动。天空的光亮，色彩的艳丽，文森特恍惚间以为自己在日本。让他惊喜的是，城市和农村全都被积雪覆盖着。这里也是冬天。他走出火车站，来到位于卡瓦勒里街30号的卡雷尔膳宿公寓：两个小房间，一间作为卧室，另一间是画室。租金很贵，高达每天五法郎，而且伙食很糟糕："但烹饪土豆可不是什么难事儿。——不可能。那就吃米饭或通心粉吧，没别的了，要不然就是混着恶心的油脂……"

　　这里的葡萄酒和巴黎的一样糟糕，文森特喝得比之前少了。然而，他还"哄骗自己"："当我不再喝酒、不再大量抽烟时，我会重新开始思考，而不是逃避思考：我的上帝，这令人多么忧郁，多么沮丧。但如果内心的风暴太过强烈，我就会为了麻醉自己，多喝上一杯。"

　　文森特吃得很少。他感到很虚弱，但能感觉到自己的血"在重生，而不是恶化"。因为怕冷，他经常哆嗦。尽管四天里有三天都在刮着刺骨的密史脱拉风[102]，文森特仍坚持去户外画画。

　　密史脱拉风：文森特对这种猛烈而"恼人"的风一无所知。看吧，现在他不得不把画架拴在木桩上，或者索性跪在地上画。

　　他对阿尔勒女人的美并不是无动于衷，而是她们拒绝和外国人有任何瓜葛。此外，尽管几个当地人对"荷兰疯子"挺亲切，但整座城市并不好客。让娜·卡勒芒[103]，那位活了一百二十二岁的阿尔勒女人，这样回忆凡·高："他真是丑陋的化身。"

文森特没有画狭窄的街道，也没有画广场，更没有画罗马时期的城墙和古迹："这座城里的古街太脏了！"

他去竞技场，观看了斗牛："一位斗牛士在跳过路障时撞碎了睾丸。"混杂的观众还有竞技场都给他留下了深刻的印象，但他只画过一次。只要天气允许，他就离开城市，面朝阿尔比勒山脉架起画架，或者转过身朝向克劳平原。他在找寻什么？当然是光。光以无与伦比的方式沐浴着田野，即便很多画家断言光线会使田地"失去颜色"。文森特在那里发现了意想不到的光线，这足以催生全新的绘画。文森特拒绝使用平和的色彩，而是通过互补的方式迫使颜色之间相互争斗，以此来寻求建构自己的视角。文森特很好地记住了受到修拉认可的、通过纯色笔触来作画的方法。但他不再以巴黎尝试过的点画派的方式作画。他一笔一笔作画时动作迅速，而且幅度很大，就像在画布上作画一样——然而，是色彩，仅是色彩才能决定这幅画。在他的作画方式中当然残留着印象派的痕迹，但他很快就摆脱了它。例如，他通过强化各种颜色而拒绝现实主义，从而放弃了莫奈画中的视觉错觉。在这个意义上，他确实是阿道夫·蒙蒂切利的继承者，即便蒙蒂切利依旧属于印象派，或者更确切地说，属于激进的印象派。

文森特开始致力于创作风景画，但他承认自己显然更喜欢画肖像，而且画肖像也更在行。然而在阿尔勒，没有人愿意做他的模特："我的困难在于没有威信，无法让模特以我想要的方式、在我想要的地方、按照我想要的时间长度摆造型。"博里纳日的居民却可以，文森特无法走近阿尔勒人。对他们来说，他依旧是有点"疯癫"的外国人。他总是在孩子们的嘲笑声和成年人怀疑的目光下带着画具独来独往。他住在南法就是为了南法的光。他成了光最虔诚的仆人。对他而言，最大的满足感来自一天一天完成的任务，收获的画作。他对别人的敌意或崇拜无动于衷。他是个画家，只是个画家，不多也不少。

阿尔勒的土壤是白垩质的，所以显得有些苍白。它笼罩着一层有点褪淡的赭石色和大量灰色：没有鲜艳的色调，没有炽烈的紫色，没有刺目的黄色，没有猩红色，也没有强劲的绿色。阿尔勒的天空和荷兰的天空——莫夫和伊斯拉埃尔画中的天空——一样灰灰的。正是因为文森特深知这样的天空会使他迷失，使他憔悴，他才离开了荷兰。他在寻找别的东西，但到底是什么？他能为后期弗拉芒大师们最耀眼的成就增添些什么？他预感到绘画需要一场革命。印象派的画家们已经开启了这场革命，现在要做的就是进行到底：从色彩的解构中得出结论。在印象派画作前，只需要眯起眼睛就能使碎片化的再现突然具有现实主义色彩。文森特嘲笑这样的诡计。在他的画里，他不接受任何与现实的妥协。他非常确信，绘画与现实之间没有任何关联。绘画强势再现属于绘画自己的现实。在风景面前，他不是复原自己见到的事物：他重新审视，重新观看，他解构了眼下可见的事物，为的是重新创造属于他自己的风景。在这个意义上，他超越了包括西涅克和修拉在内的印象派画家。然而，他并没有完全放弃眼睛所见的、所感知的事物，他并没有像伯纳德和高更一样迷失在想象中。但这并不会妨碍他放大群星和增加太阳的体积。

在阿尔勒，佐阿夫兵[104]占领了卡尔文军营，他们鲜红色的灯笼裤引起了很大轰动。文森特在夜间咖啡馆和"佐阿夫兵妓院"碰到过这些士兵。他还成功地画了两张重要的肖像。

在其中一个妓院，两个意大利人杀死了两个佐阿夫兵。文森特还参与了调查。他借此机会进入了位于利科莱特街的妓院。就是在那里，他遇到了一个叫"盖比"，又称为"拉谢尔"的女人，此人成了属于文森特的阿尔勒女人。

想到留在巴黎的画家朋友们的未来，文森特很悲伤。几乎所有的朋友都有物质上的困难：他们卖不出几幅画，或者一幅也卖不出去。文森特坚信，既然社会不支持艺术家，那么艺术家应该和一些画商联合起来，组建一个商业协会。这个协会的目标就是通过共享盈利和损失，让这些艺术家为人所知，并在物质上帮助他们。这个想法始终萦绕在他脑际。曾有一段时间，他想要为穷人服务；而现在，他想要帮助那些画家。

果园里的果树开花了。文森特狂热地作画。晴朗的天气使他兴奋不已。他感到他的绘画进步比任何时候都要大。很多次，他以朗格卢瓦桥为主题创作了油画和素描。在一幅画上，草、小船的木头、矮墙和桥的附属装置都是黄色的，而天空和水，包括桥的倒影都是蓝色的，两种颜色处在一种近乎互补的对抗中。文森特对水并不是特别感兴趣：和云朵一样，水变化太快，转瞬即逝。他更喜欢把这种无法控制的运动赋予静止的事物：树、花和田野。他与自然融为一体。

在他的画架上：两棵盛放的桃树。妹妹在信中告知了安东·莫夫的死讯。文森特很难过。他更喜欢莫夫这个人，而不是作为艺术家的莫夫。他深爱着他。他在这幅画上题道："纪念莫夫，文森特和提奥。"

日子一天天过去，除了买吃的或者去咖啡馆，文森特经常一言不发。然而，孤独并没有对他产生太大影响，至少他没有明确抱怨过。他说，最令他感兴趣的就是南法太阳的强度，还有"它对自然的影响"。

难道他没有作画的权利吗？谁会去阻止他？难道他的画作不吸引人吗？所以呢？难道画过的画布还比不上一张空白的画布？他没有要求更多，除了画画。他付出的代价就是"精疲力尽的骨架"和"有点发疯的大脑"。在提奥面前，他假装深信不疑。更厉害的是：他断言如果提奥成为自己的画商，那么提奥也将成为艺术家。

他让人给他刮了胡子。这给了他创作自画像的灵感，这幅肖像里的文森特既像"平静的神父"，又像"疯狂的画家"。

他顺便向弟弟倾诉道："我依旧受到不由自主且无法解释的情感困扰。某些日子里我会特别迟钝，但只要能平静下来就没事。"

　　文森特和卡雷尔膳宿公寓经营者之间的关系越来越差。现在，老板问他要每月六十七法郎的费用，而不是先前的四十法郎。尽管文森特觉得自己"上当了"，但他还是想和他们和解。他们拒绝了。当文森特离开公寓试图要回行李箱时，他们把箱子没收了。于是文森特决定去治安法官那里告他们。事件很快了结了：文森特胜诉。卡雷尔的经营者们必须把箱子还给他，还要退还多收的钱。文森特并没有要损害赔偿和利息，但整个事件被口口相传，所有人都知道荷兰人赢了阿尔勒的商人。

　　此后，文森特都在"火车站咖啡馆"用餐，一法郎就能吃到可口的餐食，他晚上睡在阿尔卡萨尔咖啡馆。这家咖啡馆整夜开放。

　　在火车站附近逗留时，文森特注意到了紧挨着科弗兰杂货店、位于拉马丁广场2号的无人居住的房子。这是座两层高，共有四个房间的建筑，一侧临街，一侧朝向种着法式梧桐的公园。这个房子里有自来水，但没有煤气，文森特出钱找人安装了煤气。他还重新粉刷了每个房间。房子临街的那面令人吃惊，墙体覆盖着"接近新鲜黄油颜色的黄色涂料，还有刺目的绿色百叶窗"。

文森特受到墙面颜色的启发，把画布上的所有东西都画成黄色：街道、他的房子、附近的住宅和咖啡馆、远处的铁路桥。文森特喜爱对比：在深夜的蓝色天空下，被画成黄色的一切事物都在散发光芒。

5月1日，他入住了。

几天前，一位名叫麦克奈特[105]的美国画家，也是文森特老同学罗素的朋友前来拜访他。他们很谈得来。他们5月3日又见了一面。文森特想邀请他住到"黄房子"里。这样其他艺术家也会加入他们。这里将成为南法画室。但事情就发展到此了。或许文森特更希望高更也过来？高更的妻子梅特和孩子们住在哥本哈根。她不停地问高更要钱，但高更一分钱也没有。他不知道该怎么办，也不知道把画卖给谁。没人要他的画，除了提奥·凡·高。

***

从文森特开始画画已将近八年了。有时，他回想起走过的路时会特别忧郁，并为将来担忧。他还有没有足够的力气？他很清楚，未来的画家将是"前所未有的善于运用色彩的艺术家"。他也知道生命短暂。他必须不惜一切代价画画，但他很清楚，绘画是个"花钱，而且不断花钱，永远花不够……"的坏情人。

他希望几笔就能画成一幅画；他希望能快速画下路过小街和大道上的行人，以便凭借速度发现新的绘画主题。

在阿尔勒，他终于发现了卡马尔格芦苇削成的笔。他之前在卡萨尼的教材《各类绘画实用指南》中读到过，他知道这种笔最好。目前为止，他只用过石墨和木炭画素描，有时也用钢笔。他的画依旧很粗糙、过于饱满、艰涩且笨拙。面对南法的风景和光线，他需要解决新的问题。如何画茂盛的植物，夏日沉重的天空，如何只靠一支浸在少量乌贼墨水里的芦苇笔勾勒出前景和广袤背景之间的界限？

在巴黎，文森特从点画派和分光画法那里学到了很多。他现在画画时会用很小的点，还会另外加上或生硬或圆润、或粗或细的线条。他彻底改变了他的素描，全新的素描也是他油画的预兆或者延续，因为芦苇笔画的线条类似于油画笔：他的油画也变得更具笔法。有时，当他画天空时，他用相隔较远且简单的点，而不用任何图案来取代涡形的云朵，好像是为了暗示乳白色或大伏天的一团云朵。在他之前任何人都没有尝试过这样表现风景的方式，即便是在笔法创造方面总处于前列的修拉也没有这样画过。文森特发现了卡马尔格芦苇，但他并不满足于改变作画工具：他改变了视角，通过改变视角，他创造了属于自己的绘画。

***

上帝已经从文森特关注的事物中消失了。当他提到，匆忙中，"在那些创造者都不知道自己在干什么，脑子不完全清醒的时候"，被草草创造出来的"现世"时，他几乎没想到上帝。对于文森特而言，地球上的生命，除了自然，其他都是一片混乱。至于对来生的信仰，文森特认为这仅是"狭隘老妇人的迷信"。

一天，他遇到了一位善良的人，但这人因没有好医生而死在了他面前："他去世时耸了耸肩，那种神态我永远不会忘记。"

  1888 年 6 月。——距离阿尔勒五十公里的滨海小镇圣玛丽。文森特决定带着画具去那里待几天。行程主要坐马车，朝圣期间价格尤为优惠："在车上颠簸了五小时。"

  文森特发现了地中海。海有着"和鲭鱼一样不停变幻的颜色，我们总是无法知道海是绿色的还是紫色的，我们也无法知道大海是否是蓝色的，因为下一秒，变幻中的反射光又会呈现出粉红色或者灰色"。人们已经可以下海游泳了。

　　文森特在那里吃的炸鱼远比塞纳河边的美味。女人们"修长且苗条，有点悲伤和神秘"。

　　夜里，他在冷清的沙滩上散步。云朵稀疏的天空上闪烁着成千上万颗星星。无论他仰望星空还是注视海边，一切都是色彩的奇观。他的调色盘在他眼下爆炸了。这确信无疑："新艺术的未来在南法。"

　　文森特开始画沙滩上的捕鱼船，用了不到一小时。他准确地记录下画上每个元素的颜色。然后他借此创作了一幅油画：他用笔干净利落，和日本雕刻师一样，他用黄、红、蓝、绿这些最基本的颜色画小船，只有天空、大海和沙滩变得越来越模糊。海浪的泡沫来自鲜奶油的色调。滨海小镇圣玛丽的光线启发了他，他创造了全新的笔法和色彩，并以此丰富了他的绘画语汇。其中一艘小船上写着名字：《友谊》。在一只搁浅的木箱上，他签上了"文森特"。

回到阿尔勒，文森特画麦田、成捆的麦子，有时还会有农民的侧影。"我边走边画，就像会画画的火车头"：他画画快得和收割机割麦子一样。他画得虽然快，但绝不马虎，甚至他画得越快，画得就越好。至于那些说他画得太快的人，文森特认为他们"过快下结论了"。

他想到了米勒和德拉克洛瓦："为什么所有色彩派画家中最伟大的欧仁·德拉克洛瓦曾设想去南法，甚至非洲？"他想到所有已故和已被埋葬的画家们，他们通过作品，与他们的同代人以及后代交流。文森特永远不会忘记他的老师们，包括那些"小老师"。他创造了自己作为画家的族谱。

他从山丘高处画克劳平原时，"这平坦的景色，那里什么都没有……只有无限……和永恒"，一个士兵走了过来。文森特问他："我觉得这里和海一样美，这让你感到惊讶吗？"

"不，我一点儿也不惊讶，但我认为这里甚至比海洋更美，因为有人居住。"

很多看热闹的人经常围着文森特："四五个皮条客和十二三个孩童。"

面对这"格外壮美的自然"景色，文森特欣喜若狂。通过画外省的乡村，文森特驳斥了所有他在巴黎印象派画家那里学到的东西；他重新寻回了他作画的原点——他家乡的风景：田野，镜面一般的天空，还有他自己的风格，这使他不得不画得"更自主、更夸张"。

他想到了日本画家们，他多想和他们一样："这些简单的日本人，他们生活在自然里，仿佛自己就是自然里的一朵花。"他羡慕他们的世界观："如果我们研究日本艺术，会发现一位不容置疑的智者，既具有哲思又聪慧，他把时间花在什么上？研究地球与月球之间的距离？研究俾斯麦的政治？不。他研究一束草。但这束草可以引导他学会画一切植物，甚至所有季节，还有风景的全貌，最后是动物，还有人脸。他用他的一生——一生太过短暂——来完成这一切。"

　　文森特在给提奥的信中写道："艺术漫长，而生命短暂。"然后又总结道，"为了更好地工作，应该吃得好，住得舒服，时不时逛下妓院，抽上一口，安静地喝咖啡。"多么明智的哲学。有时，在自然面前，他感觉到了"极度的清醒"：他再也"感觉不到"自己，以至于画作像是在梦中完成的。他担心的是——很清醒的预感——忧郁将不可避免地被欣快所取代。

　　但目前，文森特很幸福："房子和画画都令我感到如此幸福。"

　　在妓院，他注意到了一个留着小胡子，脖子粗粗，眼睛如猫眼一般的佐阿夫兵。他是马上要前往非洲的第三军团少尉米利耶[106]。文森特立刻画下了他的脸，还有红肿的双眼。然后又画了他的一个战友，此人身着巨大鲜红色灯笼裤，双脚分开地坐着。

　　米利耶很快成了文森特的朋友。他显然更喜欢文森特本人而不是他的画：文森特的画在他看来太不精确了，画得很糟糕；色彩则"太过极端、反常，令人难以接受"。总之，他的画"难看极了"。

　　当文森特画不起眼的杂货店门面时，米利耶很不解。在他眼里，这个荷兰人画起画来像"野蛮人"一样，却自以为大艺术家。米利耶还顺带提到文森特饱受胃痛之苦，甚至疼得叫出声来。

文森特在风景前经常感到无力：面对六种基本色，他的大脑紧绷到了极点。他又想到了蒙蒂切利，这位"杰出的，但被人们说成酒鬼和疯子的画家"，他笔下的南法"满是黄色、橙黄色和硫黄色"。

他认为与落后的官方传统艺术不同，真正的艺术重生已经完成。他在 7 月 29 日给提奥的信中写道：新画家 —— "孤独且贫穷" ——被视作疯子，在这样的氛围下，他们必然会成为疯子。同样在这封信中，他倾诉道："但这永恒存在的艺术，它的重生，正如被砍断的老树干根部冒出的绿色新枝，这是些如此有灵性之物，以至于当我们想到创造艺术要比维持生活付出更大代价时，我们的内心总有些许忧伤。"

文森特读但丁、彼得拉克和薄伽丘，因为诗歌比绘画更"了不起"，绘画"更脏，总之，更令人厌烦"。

他经常去吉努家经营的火车站咖啡馆。在那里，他喝酒，抽所有能抽的烟，还遇到了邮递员约瑟夫·鲁林。这是位狂热的共和派，社会党人。文森特将他视作忠实的伙伴，"比很多人都有趣的人"。他"大部分时间在咖啡馆，必然或多或少是个酒鬼"。他身高一米九五，四十七岁：文森特给他画了好几张肖像，他穿着邮局的蓝色制服，神似苏格拉底，灰白色的长胡子显得有些滑稽。

　　不管怎样，文森特依然觉得时间很漫长。在乡村炙热的阳光下度过的日子里，经常一整天都没有人和他说一句话。在他看来，这些日子使他昏头昏脑的。随着冬天的到来，这些日子就更使人糊涂。要是高更能和他会合就好了，这种想法随着时间愈发强烈。

　　9月初。——文森特居住的阿尔卡萨尔咖啡馆整夜开放。妓女们时不时会光顾，和她们的主顾们喝上一杯。那些醉得很厉害或者没有足够钱租房住的夜猫子被允许留在屋内或者露台，直到天亮。

为了给邮递员鲁林、咖啡店老板和常客们找点儿乐子，文森特连续三个晚上都在画架前画咖啡馆内部。咖啡馆被大煤气灯照亮，墙面是血红色的，天花板是绿色的，而地板是黄色的："我试图用红色和绿色来表现那了不起的人类激情。"他还说，"在题为《夜间咖啡馆》的画中，我试图表现咖啡馆是人们可以毁掉自己、发疯和犯罪的地方。"

　　文森特在黑夜中找寻新的气息："我非常需要——我将用这个词——'信仰'，所以夜晚我会到外面去画星星。"他又开始画同样的咖啡馆：被巨大黄色煤气灯照着的咖啡馆，灯底下聚集着来喝酒的人，煤气灯照到大街上，折射出"苍白硫黄色和青柠檬色"的反光。路人在黑暗的街道中消失。天空上布满了巨大的星辰。文森特现在将从罗纳河河畔画这些星星。它们是如此光彩夺目，以至于给天空带去了大片浅蓝色的微光。

***107

　　只要看到星星，就能让我浮想联翩，正如地图上代表城市和村庄的小黑点就能引发我的想象一样。

　　我不禁自问，为何在我们看来苍穹上的亮点比法国地图上的小黑点更难接近？

　　如果说我们可以乘火车去塔拉斯孔或者鲁昂，但为了去一颗星星上我们却需要付出生命的代价。

　　在这个推论中很确定的是，我们活着的时候无法到星星上去，正如我们去世之后无法坐火车一样。

　　最后，对我来说，霍乱、肾结石、肺结核、癌症不是没有可能成为到星星上去的交通方式，正如汽船、公共汽车和铁路是陆地上的交通方式一样。

　　安静地死于衰老无异于步行去星星上。

　　可以想象一下那些好事者的惊讶，当他们遇到夜里站在画架前，头戴草帽，帽檐边上还点着蜡烛的文森特。

　　一天，他受母亲照片的启发，决定画一幅母亲的肖像。他借助想象给母亲上色，"厚涂画法"。然而，无法照着真人画的肖像并不能让文森特满意。他还画了一幅耶稣像，画上还有客西马尼园[108]的天使。但他很快就将其毁掉了，因为这幅画也不是照着实物画的。他很懊恼："没有模特，我无法画画。"他缺模特，因为阿尔勒人都害怕摆姿势；至于阿尔勒女人，她们总是断然拒绝。他的梦想？就是创作他所谓的"现代肖像"。因为没有模特，他只能"以自然为食"。

***

秋天到了，树叶变黄了，到处都是落叶。黄色填满了整个空间。

文森特在给朋友——比利时画家欧仁·博赫[109]——的信中突然流露出思乡之情："我是如此喜欢博里纳日那个悲伤的地方，它让我永生难忘。"

文森特读了列夫·托尔斯泰的一篇文章，题为《我的宗教》。他从中得知托尔斯泰预告了"发生在人类内心的隐秘革命，从这场革命中将诞生一个全新的宗教，或者某个全新的、还未被命名的事物，但它将会像曾经的基督教一样，赋予人类慰藉，使人类生活成为可能"。文森特预言，很快"我们最终会受不了犬儒主义、怀疑论和玩笑，我们想要更为音乐化的生活"。

文森特的情绪波动越来越大。他的亢奋状态让位于被迫害的狂热。他因此而担心吗？他很快扫除了顾虑，他声称他的感觉"更多倾注在对永恒和永生的关注上"。

他迫不及待地想在黄房子里接待高更。高更应该马上就到。文森特全身心地投入"南法画室"计划的准备中。他甚至说自己准备好了"取悦公众"，以便为画家团体贡献一些资金。他的乌托邦表现为一种禁欲主义：一间屋子、一张床、一些吃的，"让所有不成功者都能有一席之地"。这些将持续一生之久。这意味着最低标准的生活和画作的大量生产，因为作品"卖得少或者几乎卖不掉"。但这并不重要，重要的是为了将来画家的救赎做准备："我们尤其应该在我们内部，在我们的善意和耐心中寻求良方，还需要满足于做个平庸的人。或许，通过这么做，我们就铺设好了新的道路。"

文森特幻想着接待埃米尔·伯纳德、乔治·修拉，还有高更的朋友夏尔·拉瓦尔[110]。在此期间，他用石灰刷白了墙面，更换了缺损的地砖。他买了两张床，一张是白木床，给自己，另一张胡桃木的；还有十二把草椅、一些桌子、一套厨房炉灶、几个五斗橱，还有一面镜子。

为了表现得不像"颓废派艺术家"，他试图创造平和的氛围，希望像日本画家那样——"如小资产阶级一般惬意地生活在自然中"。

为了装饰"客房"，在日本版画以及德拉克洛瓦、米勒、杰利柯[111]和杜米埃的画作复制品旁边，文森特特意挂上了一些他本人的画作，其中有好几幅向日葵。还差两幅画就完整了——这两幅画刚刚寄给文森特：埃米尔·伯纳德和高更的自画像。高更的自画像"太黑，太悲伤了"。文森特写道："没有一点儿快乐的影子。"

高更姗姗来迟。提奥承诺只要他到阿尔勒，就每个月给他寄钱——每月一百五十法郎。作为交换，高更每年要给提奥十二幅画。此外，提奥刚刚花三百法郎买了高更制作的陶器。

文森特就像等待另一半的恋人。他激动得坐立不安。他给自己买了一件黑色天鹅绒上衣和一顶帽子。在信中，他赋予高更"画室领袖"的角色。他甚至还希望高更成为"主教"，肩负维持画室秩序的重任。因为"高更确实是位大师，无论在性格还是智力方面，他绝对是位高人"。但文森特并没有因此而忘记提奥：如果提奥加入他们，那么他将成为"第一位使徒画商"。在文森特眼里，画家应该和僧侣一样生活，或者至少和工人一样，在宽敞的画室里完成他的工作。但他对埃米尔·伯纳德解释说，这不是为了创造某种类似于共济会的画家组织，因为他"深深地鄙视所有规则、机构"。

文森特在给高更的信中写道："我认为和您的艺术理念相比，我的想法太过平庸了。我总是有着野兽般的粗俗欲求。为了展现事物外在的美，我忘记了一切，但我不知道如何复原这样的美。在我的画上，这些事物显得既丑陋又粗俗。然而对我来说，自然是最完美的。"至于高更将对他产生的影响，文森特感到既害怕又高兴。他想取悦高更：他试图超越自己，去"展示一些新的东西"。他不停地画画直至精疲力尽。他午饭吃得很少，晚饭只吃剩下的面包块："至少三周，我甚至没有三法郎去逛下妓院。"为了充饥，他像往常一样抽烟，喝咖啡——每天二十三杯。

突然间，文森特开始怀疑起高更的好意。他猜测高更是个"会算计的人，他看到自己处在社会底层，想要通过诚实但很有手段的方式获取更高的地位"。另一方面，高更并不完全信任提奥，他怀疑他们之间的契约将会对提奥有利。他担心为了这个"冷漠的荷兰人"，他必须出卖自己："尽管提奥·凡·高很欣赏我，但他绝不会为了讨好我而给我钱去南法。"至于文森特，高更更是将其视作狂热分子，而且并不认同他对于绘画的任何看法。

***

1888年10月23日。——高更从布列塔尼坐了36小时火车，终于在深夜抵达了阿尔勒。他立刻前往还开着的阿尔卡萨尔咖啡馆，他准备等到天亮就去文森特家。老板看到他便惊呼："您就是那个朋友吧。我认出您来了。"

当高更早晨出现在黄房子前时，他看到了欣喜若狂的文森特。高更看起来却不太高兴。之后，高更在笔记中写道："这可怜的荷兰人很积极，很热情。"原来高更感到有些格格不入，他认为就自己目前看到的那小部分城市而言，这个地方"很小家子气，无论是景色还是居民"，"这是南法最脏的城市"。他走进房间，看到了被文森特的画覆盖的墙面，墙上还写着一句话："我精神健全，我是圣灵。"这让高更惊讶得说不出话。

黄房子很多方面都让高更不满意。当他进入画室时，他因室内乱七八糟而生气：到处都是成盒的颜料，挤过的颜料管也没有盖好，画堆积成山。

　　高更觉得自己被关起来了，完全依赖那个"讨厌的人"。但因为和提奥之间的协议，他又不得不和那个人捆绑在一起。屋外刮起了密史脱拉风，高更诅咒起整个南法。当他谈到布列塔尼，谈到阿旺桥村时，他强调"和这里相比，那里一切都更好、更壮阔、更美丽。与被烤焦似的普罗旺斯枯燥乏味的小自然相比，布列塔尼更具有庄严的特征，而且更完整，也更有特色"。文森特为高更倾倒：高更经历过海上劳工们的艰辛生活，那种时时刻刻需要面对恶劣天气和危险的生活，他难道不是"真正的桅楼操控手和真正的水手"？毫无疑问，高更使人敬畏——他也知道如何滥用这样的威信。

　　事不宜迟，两位画家开始作画。他们把画架放在阿利斯康墓地——周围有厚重石棺的古代墓地。高更画了两幅，文森特画了四幅。高更作画时从容不迫，构图很谨慎；文森特则画得很快，让大道和两旁的高树如熊熊火焰般燃烧。然而，文森特的两幅画作不同寻常。这两幅画上高更的影响不容置辩：厚重的颜料层消失了，颜色和色调很均匀，构图也十分讲究。可以肯定的是，文森特遵循了"画室领袖"的意见。这位"领袖"显然没有放过摆权威架子的机会，他慷慨地给出建议，自我夸奖的同时不忘启发"属下"。

高更说："当我到阿尔勒时，文森特还处于自我认识、自我寻找阶段，而年龄更大的我已经成熟了。"他们之间相差五岁。

高更认为文森特的画处于未完成状态，充斥着大量不和谐的紫色与黄色；画里缺的是"军号的声音"。文森特顺从且感激地听着。

高更善于社交，和女性关系尤其好："他几乎已经找到了属于自己的阿尔勒女人。"文森特却总是一无所获。他只得回到他的风景和他的"活计"中。在他的同伴身上，他看到了"完全没有野性本能的人"，即那些认为"血和性比野心更重要"的人。

他们整天画画，直到晚上，在高更的坚持下才去喝上一杯苦艾酒。只要文森特喝高了，他就会发火。然后他们就去逛妓院。文森特有自己的习惯，他很专情，每次都去找拉谢尔。

天下雨了，而且很冷。高更不得不和他的房东一起待在画室里。产生分歧的话题越来越多，尤其与绘画相关。文森特喜欢争论。高更受不了，便假装认输，丢下一句"队长，您说的对"，借此来打断争吵。

有时，天气很好，他们就有机会看到"像坏柠檬一样的落日"。

中午和晚上，因为没钱，他们就在家里吃饭。高更开始做饭：他知道如何"完美"地烹饪，但文森特在烹饪艺术方面很无能：唯一一次他尝试做个汤，他和高更一口都没动。高更后来谈起这碗"著名"的汤时说，这碗汤"就像文森特画上的颜料"。

高更一直试图影响文森特。他喜欢纠正他，鼓励他不要对着实物作画，而要在画室里凭借脑海中的印象作画。高更劝他忘掉厚厚的颜料，迫使他用蘸着油的麻布削减画面的厚度。文森特听从了高更的指令。他承认高更给了他尝试想象类主题绘画的勇气，而这些主题"有着更神秘的特征"。他尝试着画过去的场景——《埃顿庭院的回忆》。这幅画与高更的画作《阿尔勒老妇人》非常相似。在文森特的画中有两位在散步的女士，那是他的妈妈和妹妹，她们身后是一位正弯着腰干活的仆人。其中一张脸呈"深紫色的，下方是与它形成强烈对比的柠檬黄色的大丽菊"，这让文森特想起了母亲的"个性"。但文森特努力想找到自己的优势。事实上，高更的每条建议都像匕首一样捅向他。而如果文森特开口说话，必然是为了争论，或者笼统地谈论绘画的未来，以及他所欣赏和厌恶的画家们。他从不谈论他内心深处的感受。高更则停止了写生，全身心地投入想象中。在葡萄园里，收葡萄的女工们戴着布列塔尼的传统帽饰："做不到精确就算了。"

高更画了一位从背后看去赤裸上身的女士，她不知道在做什么，旁边还有两只猪。文森特很高兴："这幅画肯定会很美，别具一格。"

在这座小城市里，在不好客的阿尔勒人和黄房子之间，高更备受煎熬。他度日如年，几小时和几个世纪一样漫长。他说他想回巴黎。

白天里的任何时候，直到夜幕降临，文森特都可能突然发火，声嘶力竭地喊叫，然后再度陷入深深的沉默，一言不发。夜里，很多次，他都会起床溜进高更的房间。他悄悄地靠近高更的床，高更本能地惊醒了，喊道："你怎么了，文森特？"文森特随即立刻回到自己的房间，继续睡觉。

高更决定要为文森特画肖像。他画里的文森特正在画一束向日葵，身体蜷缩在短上衣里，手臂僵直，表情木讷。文森特惊呼："这就是我，但是疯了的我！"

当晚，在咖啡馆，他们点了苦艾酒。文森特把一杯酒泼往高更脸上，但高更躲过了。他站起来，拦腰抱住文森特，把他拖出咖啡馆，穿过广场，一直拖到家，然后放在了床上。文森特几秒钟就睡着了。早晨，他很平静。他只说了一句——高更这么转述道："我亲爱的高更，我隐约记得昨晚冒犯了你。"

"我当然很乐意并且由衷地原谅你，但昨天的场景还会再次发生，如果我被打的话，我可能会无法控制我自己，还会勒死你。请允许我给你弟弟写信，告诉他我要回去了。"

接下来的几天，他们又相安无事了。高更放弃了回巴黎的计划。他们俩决定去蒙波利埃[112]参观法布尔博物馆。他们又一次意见不合："讨论时电流太过强烈，我们有时候会精疲力尽，就好像一块被放光了电的电池。”

文森特敬重的画家中有欧内斯特·梅索尼尔——他被波德莱尔称为"侏儒中的巨人"——和风景画家亨利·都德[113]、夏尔-弗朗索瓦·多比尼[114]、费利克斯·齐姆[115]和泰奥多尔·卢梭。他狂热崇拜德拉克洛瓦，讨厌安格尔和拉斐尔，并将塞尚视作玩世不恭之人。当谈起蒙蒂切利时，他会泪流满面。他的信条：伦勃朗和弗朗斯·哈尔斯的肖像、德拉克洛瓦的色彩、蒙蒂切利的涂法。

这段时间以来，公众都因一条犯罪新闻而激动："普拉多事件"。普拉多是一个被捕的凶手的名字，他以剃刀割喉的方式杀害了一位女性。凶手被处以死刑。文森特每天都会读报纸上的跟踪报道。上面极为细节地描述了普拉多等待死亡时的焦虑，他的恐惧与噩梦。

12 月 23 日，文森特写信给提奥："我想，高更对美好的阿尔勒，还有我们工作的黄房子，尤其是对我有点失望。"

***

12 月 24 日晚，高更收拾好了东西：他第二天很早就出发。他准备好了晚餐，然后突然决定出去透透气。他听到背后有"熟悉的脚步声，走得飞快但断断续续"，于是便转身：文森特就在他眼前，一脸惊恐，手里拿着打开的剃刀，正准备要扑向他。高更镇定地盯着他，一言不发。文森特低下头，跑回了家。

高更不想在黄房子里多待一晚。他在酒店订了间房，但他无法入睡。早晨七点，他去文森特家拿行李。在门口，他遇到了一群激动的人。有个戴圆顶礼帽的矮个子男人站在门口：警长多尔那诺先生。

"您对您的朋友做了什么，先生？"他用责备的口吻问高更。

"我不知道……"

"如果……您知道的话……他已经死了。"

高更不知道的是，昨夜争执过后，文森特来到自己房间，用剃刀割掉了一块耳垂。警长对他说"整个耳朵都割掉了",这是不准确的。之后,文森特大量出血,他努力用毛巾和床单止血,还把割下的耳垂放到一个信封里。他戴上巴斯克贝雷帽,11点半出现在了妓院。他要求见盖比。当盖比下楼时,他把信封给了她:"给,作为我的纪念。"看到那块肉,盖比晕了过去。文森特自己跑了,重新回到床上睡着了。

警察们凌晨接到报警,看到了那块肉,便立刻前往黄房子。在楼下第一个房间,楼梯上和文森特的房间里,到处都是沾着血迹的毛巾。在床上,受伤的文森特睡着一动不动,身上裹着被单,蜷着腿侧躺在那里。

面对嘟嘟哝哝的人群,高更一下子变成了被告,他很震惊。警长催促他解释。高更说:"那好吧,我们一起上楼。"他们发现血迹斑斑的文森特正躺在床上。他走上前去,"轻轻地,非常轻地"触摸了一下还温热的身子。文森特还在呼吸,他还活着。

高更松了口气,他请求警察转达给受伤的文森特:"如果他问起我,告诉他我去巴黎了。看到我,对他而言可能会致命。"高更拿起行李,回到了酒店,然后以电报的形式通知了提奥。受到极度惊吓的提奥坐上了第一班火车前往阿尔勒。第二天,在医院,他见到了负责文森特的年轻实习医生,二十三岁的菲利克斯·雷。文森特正处于精神错乱状态,并受到视听幻觉的侵扰。他睡到其他病患床上,指责护士,并试图用煤炭擦洗身体。医院看护把他绑在了铁床上。根据雷医生的诊断,这是"一种癫痫,以幻觉和间歇性发作的,由精神错乱导致的烦躁不安为特征,常由过量饮酒引发"。市里精神病院的于尔帕尔医生则更倾向于认为是"急性狂躁症,带有普遍性谵妄"。

高更给提奥写信:"我必须回到巴黎。由于性格不合,我和文森特绝对无法相安无事地住在一起。为了画画,我们都需要安静。文森特是个智力非凡的人,我很尊敬他。我满怀着遗憾离开他,但我必须向您重申,这是必要的。"

起初,文森特并不记得发生了什么。他经历的"仅是艺术家的一时迷恋"?在这美好的塔拉斯孔地区,难道不是"每个人都有点儿狂热吗"？但他想起了"剧烈"的疼痛，并伴随着几乎进入无意识的怪异想法——他听到德加对他说："我为阿尔勒女人保存气力。"

文森特的伤口很快愈合了。没有任何感染，只是发高烧。他失血很多，但很快恢复了胃口，消化也很好。很短时间内，他就康复了。提奥放心地回到了巴黎。

1月1日，在朋友鲁林的帮助下，文森特终于可以去城里逛逛，这是入院后的第一次外出。

1月2日，他给提奥写信："现在，让我们聊聊我们的朋友高更吧。我吓到他了吗？他为什么不给我消息？"

1月7日，雷医生允许文森特出院。为了感谢他，文森特提议给他画一幅肖像。雷医生佯装礼貌地接受了，但他永远无法理解文森特的画。

1月9日早晨，文森特去医院换包扎。他和雷医生一起散步，整整一个半小时内，他们什么都聊，"甚至聊到了自然史"。他之前发疯的事情完全被遗忘了。但是，文森特睡得不好，他日日夜夜被噩梦折磨。他高声重复着恶灵的话，认不出最熟悉的面孔，还感觉到背后别人投来的恶意目光。他目光所及之处都是想毒害他的人。他在拉斯帕伊[116]编写的《健康年鉴》上读到樟脑粉末可以治疗失眠，于是便在床上甚至画室里撒上大把大把的樟脑粉末。只要他经过，人们就会用手轻敲着脑门儿，嘟哝道："可怜的疯子。"

他向提奥倾诉："我以前知道人断手断脚之后会痊愈，但我先前不知道我们摔坏了脑子之后也同样可以痊愈。"

他们的母亲则深信文森特动荡不安的灵魂只有在死亡中才能安息："可怜的文森特，我想他一直疯疯癫癫的，精神错乱是他痛苦的根源，也是我们痛苦的根源。"

尽管文森特整体状况有所好转，但他依旧觉得"很虚弱，有点儿焦虑和惶恐"。阿尔勒这座"美好"城市里的居民们都远离他。一帮十六岁到二十岁的年轻男孩子——"装腔作势的人"——捉弄他，向他扔卷心菜梗。他没有反击，继续走路。他总是穿着蓝色罩衫，头戴用蓝色或黄色丝带装点的廉价草帽。其中一个男孩这么说："文森特很奇怪，他为了画画跑遍乡下，嘴里叼着烟斗，身材高大背微驼，眼神和疯子无异。他看上去总是想逃避，不敢正眼看任何人。这或许也是我们追着他咒骂的原因。他从未大吵大闹，即使喝醉了也一样。他经常喝醉酒。他割伤了自己耳朵之后我们才开始害怕，因为我们都明白他是真的疯了。"

文森特最终向医生坦白了自己的睡眠问题，医生给他开了溴化钾。文森特认为自己极度敏感，并补充道："嗯，总的来说，那么多画家或多或少都有些狂热，以至于我渐渐地不再为此而痛苦。"

现在，他想到高更时总是很悲伤，他认为高更不负责任，对他和提奥不够"坦诚"，"他因在所谓的巴黎银行工作过，所以自以为很聪明"。文森特还认为高更应该去看下专科医生，因为"我数次见过他在干一些你我都不允许自己做的事情……"

文森特将高更视作"印象派的小老虎波拿巴"，他像"小伍长"[117]留下"处于窘境"的军队秘密离开埃及一样悄悄逃离阿尔勒。文森特补充道："幸好，我、高更和其他画家还没有配备机关枪和其他杀伤性战争武器。至于我，我决定只用画刷和画笔武装自己。"

文森特又开始画画。他的意志和灵感一如当初。文森特画了一幅展现高更空座椅的画，椅子上放着两本小说和燃烧着的烛台；在这幅画旁，文森特又画一幅，画上有属于自己的空椅子，椅子上放着烟斗和锥形的烟草卷。

几天后，1月19日，他写道："说到底，我和高更之间自然而然地相互喜爱，这种情感足以使我们在必要的情况下依然可以重新在一起。"

他寄了好几幅向日葵给提奥："你会看到这几幅画很引人瞩目。但我建议你自己收藏，仅属于你和你妻子所有。这属于那种依据视角不同而变幻莫测的画：看得越久，画面就越丰富多彩。你知道的，高更尤其喜欢这些画。他曾就此对我说过：'这……这些才是……花。'"

文森特每天都回他的画室，但在医院吃饭和睡觉。一天早晨，他正巧看见雷医生在诊所里刮胡子。"医生先生，您在做什么？""你应该看得很清楚，我在刮胡子。"文森特走近医生，露出疯子般的眼神："那好，让我来给您刮吧……"感受到威胁的医生把文森特赶了出去。

文森特再次出现幻觉。他深信人们要毒死他。街上的人都带着怀疑甚至恐惧的眼神看着他，除了追着他跑、朝他丢石头的孩子们。为了在二楼的窗户边嘲弄他，他们甚至爬上了黄房子的外墙。文森特吃不下饭，整日垂头丧气。女佣很担心，便告诉了邻居们。很快，在杂货铺老板达马斯·克乌兰的提议下，超过八十位居民签署了呈交给市长的请愿书，要求立刻把文森特关进精神病院。事实上，文森特的行为不足以被定义为精神错乱，但市长更过分，他直接命令警长多尔那诺把文森特关进了医院里预留给危险病患的病房里。医学报告证实文森特害怕被下毒，而且听到了很多怀有恶意的声音。

没有任何法律规定文森特必须被关在由"锁、插销以及疯人院单间的守卫人员"监守的房间里。他又有哪些解决办法呢？道歉意味着认罪；发火只会使事情更糟糕。他顺从了："又一次，命运怎么来，我们就努力将其吞下。"他叹息道，"当我看见这里那么多人，他们是如此软弱，以至于需要集结起来一起对付还生着病的我。这是对准我胸口的多么致命的一击啊。"

人们禁止他画画，甚至不允许他抽烟，即便其他病患可以这么做。写一封信非常复杂：流程和监狱里一样严格。文森特逆来顺受。他希望"能拿我们的小苦难还有一些大苦难开玩笑"。他几乎没有表现出痛苦："现代社会里我们这些艺术家仅是破罐子而已。"

尽管如此，在医院里，人们对他还是很友善的。雷医生常与他促膝长谈，但如果医生对绘画不是如此无动于衷，事情或许会向更好的方向发展。文森特甚至希望寄宿在医院里。这个想法越来越清晰："为什么不在南法某个精神病院寻求庇护呢？"

*** *

警察封锁了黄房子。文森特担心一旦被放出来，当他成为恼怒、挑衅和咒骂持续攻击的目标时，自己可能会失控。他多么希望人们不要干涉他的生活，任由他画画、吃饭、喝酒、睡觉和逛妓院。他无法忍受居民们的敌意，这种敌意在他体内触发的情感可能"导致偶发性的精神动荡转变为慢性疾病"。要是他还有信仰的话，他更愿意做个修道士。

　　3月23日，从巴黎远道而来的保罗·西涅克前往文森特住的医院探病。尽管文森特头上还裹着绷带，但西涅克仍觉得文森特处于身心健康的完美状态，甚至"充满理性"。文森特承认作为持续性监视的目标，他十分痛苦，但他并不怨天尤人。西涅克为他争取到了出门许可。两位画家一起前往黄房子。尽管门锁被宪兵弄坏了，但他们还是设法进去了：无数画作要么堆放在画室里，要么挂在墙上 ——《滨海圣玛丽的小船》《阿利斯康墓地》《罗讷河上的星夜》……西涅克认为好几幅都"非常棒"。

　　文森特见西涅克没有在自己的"研究"　——文森特如此称呼自己的画作——
前表现出不快便松了口气。但他依旧因没有足够表达自己想法的技巧而懊恼。他
送给西涅克一幅景物画，上面画着两条鲱鱼。

　　第二天，他们继续交谈。对文森特而言，能够谈论巴黎生活、画家朋友、社
会或者文学风潮，而且"没有分歧，没有令人不快的冲突"，是件非常幸福的
事情。

　　白天结束时，他们的对话仍在继续，但文森特突然觉得很沮丧。

他猛地抓起一瓶松节油，试图喝掉。西涅克把他送回了医院。

雷医生提醒文森特，他不但没有规律性进食，还大量喝咖啡和酒。文森特承认了，但他反驳道："为了达到我今年夏天曾遇到过的浓烈的黄色调，我确实需要多喝一点。"

某个报纸引用了卡庞特拉斯附近古老坟墓的某个墓碑文："特贝，特尔吕之女，奥西里斯的女祭司，她从未抱怨过任何人。" [118] 这句话最大程度上诘问着文森特，他将会在书信中数次引用它。

　　4月初，被调到马赛邮局任职的老友鲁林来拜访文森特。文森特深深地喜欢上了这位具有强烈外省农民气质且天性乐观的人。鲁林总是有话和他说，教会他不少东西，而且对文森特本人也很尊重："他待我既悄无声息地表现得很庄重，又很温柔。"他"既不尖酸刻薄，又不过分悲伤，既不完美，也不出众，也不总是绝对的公正。但他是那么随和，那么听话，那么感人，那么虔诚"。

　　他对西涅克倾诉道："有时，我觉得重新开始生活并不那么简单，因为我内心依旧留有相当大的绝望。"

　　4月中旬，文森特搬进了雷医生为他租的两居室公寓里。打包画作时，文森特忆起了提奥对他表现出的所有善意，他们之间的手足之情以及提奥一直以来从未缺席的经济支持，他突然感到很悲伤：他配得上这样的慷慨吗？他很怀疑。他用苦行折磨自己，然后凭借一句名言找回了内心的平静："钱是一种货币，绘画是另一种。"提奥并没有反对这样的说法，恰恰相反：他因兄弟之间的手足之情感到由衷的喜悦，他感谢文森特寄给他的作品。在他看来，这些作品的价值远远超过他所能拥有的一切金钱。

文森特承认无法在新住所内部建画室，更无法独自工作。他应该继续孤独地生活，独自承受烦恼和嘲笑，把去餐馆用餐和去咖啡馆喝咖啡当作仅有的娱乐？与另一位画家同住是否会更好？他总结并强调道："我不能这么做。"他知道自己正在康复。但事实上，他更希望继续待在医院里，"为了自己和他人的安宁"。

　　在他眼里，精神错乱和其他疾病一样，只需要接受它，并学会承受疾病的发作，然后寻回理性，回归正常生活。尽管他自己这么说，但他依然非常害怕疾病的发作。他知道为了面对疾病，他需要帮助。关于诊断，他很清楚疾病的症状，即使不同的专家会使用不同的专业词汇来指称他的病。有人说是癫痫，有人说是精神分裂，但没人能得出令人满意的结论。文森特常对愿意听他讲话的人说，酗酒或许是一切的根源。他提到"头脑中时不时出现的不明原因的极度焦虑感、空虚感和疲惫感"。

　　自圣诞夜以来，他经历了四次癫痫发作，他不知道自己说了什么，做了什么，或者尝试了什么。三次他都晕倒了，什么都不记得。他叹息道："我无法理解自己，也暂时无法调整自己的生活。"就治疗方案而言，他对狄更斯给出的应对自杀的方法赞不绝口："一杯酒，一片面包和奶酪，一斗烟。"很确定的是：独自生活的前景让他感到害怕。

＊＊＊

　　1889年4月29日。——文森特打算加入（法国军队中的）外籍军团，参军五年。"像我这样的人，最合理的就是被塞入军队。"这样，文森特会觉得自己在某件事情上还有用，而且可以在经济上不再依靠弟弟。在他的想象中，军人这个职业或许对他有益。但他最后还是对自己能否胜任起了疑心，他承认没有医生的同意，自己无法做出这样的决定。提奥知道哥哥的计划后立刻表示了反对，他认为这仅是权宜之计。他连忙打消哥哥良心上的不安："你的想法源于过度担忧自己给我带来的经济负担和麻烦，但你为自己制造了不必要的困扰。经济上，去年对我来说并不糟糕，你大可以毫无顾虑地指望拿到我之前给你寄的数额，而不必担心会使我陷入困窘之境。"

文森特在寻找出路。他既未感到"任何强烈的欲望也没有特别后悔"，但他突然想要"亲吻什么东西——一位贤妻良母"。他将如此"风暴一般的欲望"归结为歇斯底里导致的过度兴奋。

他终于拿回了黄房子里的画，并把它们寄给了在巴黎的提奥。他建议提奥毁掉里面数量不少的一部分："一堆粗劣的画。"

趁着好天气，他又长时间地逃回到了大自然中。他观察南法的农民，认为他们远没有荷兰的农民勤劳。他为这片几乎荒无人烟、连牲口都很稀少的原野感到惋惜。如果"这类农民"能更有活力一些，如果他们想到用肥料使土地更肥沃些，那么土地的产量将会增加三倍以上，他们也可以为这里的人提供更多的食物。

回到家里，他忧心忡忡，坚信自己永远无法成为重要的画家，而且很后悔放弃了自己在荷兰作画时使用的灰色调，他也为没能在蒙马特风景画中继续使用这些灰色调而感到遗憾。他画医院内部的景色，并借此来抚慰自己。

"在他敢于直面太阳的傲慢中"

　　尽管文森特的身体已经痊愈，但他越来越担心自己的精神状况。1889 年 5 月 8 日，在提奥的允许下，他离开了阿尔勒，前往圣雷米 [119] 的精神病院。在萨勒神父的陪同下，他走进了老圣保罗修道院。迎接他的是佩隆医生。佩隆医生个子不高，患有痛风，眼睛藏在深黑色眼镜后面。好几年前，他的夫人就去世了。他曾是海军军医，后来又去马赛做了眼科医生，而后又日渐对精神类疾病产生了兴趣，但他不是严格意义上的精神病医生："佩隆医生似乎不大以自己的职业为乐，但这也是可以理解的。"

　　读完于尔帕尔医生的报告，佩隆医生认为文森特患有癫痫，因此需要继续留院观察。

　　很明显，医院的境况不佳：三十几个单间都无人居住。文森特住在一个"小房间里，墙上贴着灰绿色的墙纸，房间里还有一对水绿色的窗帘，窗帘上点缀着淡色的玫瑰，血红色的细线条让窗帘更有活力"。文森特获准将画室安置在一楼的一个房间内。从包着铁皮条的窗户看去，他能看到被矮墙围住的一小片麦田，还能尽情地观赏日出。就这片狭小的风景，文森特画了好几幅油画和素描。

　　清晨六点，文森特被钟声叫醒；晚上，他很早就睡觉了。精神病院一侧是留给女性病人的，另一侧属于男性病人。这个小社会里的人——精神错乱者、狂躁症患者或失智者——被迫生活在一起，伴随着他们的号叫、他们的怪癖，尤其是因缺乏活动而造成的令人窒息的安静。没有一本书，也没有任何娱乐活动，除了滚球游戏和国际跳棋。文森特在给提奥的信中写道："我想我来对了。首先，我见识到了在如此混乱嘈杂的地方不同疯子的真实生活，我摆脱了模糊的恐惧，对'那个事物'的恐惧。渐渐地我可以将疯狂看得和其他疾病无异。"

当发生危机或冲突时，精神病患者们表现出极为出色的互助精神和"真正的友谊"。失禁病人和躁狂型的疯子被关在另外一个院子里。下雨天时，所有病人都被聚集到一个大房间里，就像"某些闭塞落后村庄的三等候车室"。他们戴着帽子和墨镜，拄着手杖，怪里怪气的样子非常滑稽，好像准备去海边度假一样。

在医院里，餐食的质量取决于住院病人的钱包。文森特的经济状况决定了他的餐食属于第三等：他平时不能吃肉、喝酒、享用甜点，周日除外。

被蟑螂污染过的食物散发着霉味儿，它由鹰嘴豆、四季豆、扁豆和殖民地食品组成。文森特拒绝吃这些东西，只吃面包和汤。

为了战胜无聊和消沉——"极度的萎靡不振"——文森特努力画画。

夜里，他经常被其他病患的呻吟和号叫声吵醒。一位出现幻觉的病人让他想起了自己曾经的遭遇。另一个病患是如此躁动不安，以至于日夜不停地叫喊，并且毁掉了所有拿得到的东西——他的床、床头柜和餐盘，还撕碎了用来捆绑疯子的紧身衣。尽管如此，文森特承认在自己身上"对生活的恐惧已经没有那么强烈，而忧郁的感觉也没有之前尖锐了"。然而，他感受不到任何欲望和意愿，更别提和朋友见面了。

在精神病院住了一个月之后，文森特再也不想去别的地方了。他自觉"明显太过衰颓而无法适应外面的生活"。他知道自己不会很快出院。他画了收容所里的庭院、喷泉、他窗前的小块土地，还有丁香和鸢尾。

6月初，佩隆医生允许他离开医院去乡村写生，由看护头子特拉比克先生或布莱先生陪同。文森特抱怨没有模特，但他依旧为特拉比克先生、特拉比克太太、一位年轻的农民和一位病患画了肖像。或许，无可奈何之下，他还画了好几幅自画像，其中一幅画像上他的脸颊和下巴刮得特别干净。

　　佩隆医生对文森特的画不感兴趣，拒绝给他当模特。他略带惊恐甚至怜悯地看着这位病人：为了在一小时内画完，他像被附身了一样扑向画作，"全速"作画。只有女修道院院长埃皮法纳修女对他的画作有些许兴趣，但这些像"燕子肉酱"一样积在画板上的厚重颜料无法激起她的热情。

　　6月9日，文森特在看护的陪同下前往圣雷米市中心。他无法忍受看到那么多居民，一下子昏了过去。

在被他用作画室的小房间里，文森特完成了《星夜》：想象中的村庄前竖着两棵巨大的柏树。他画了好几幅有柏树的油画和素描，他喜欢让这些树上的黑色枝叶旋转起来，直至天空，呈现出意想不到的旋涡。白天快结束的时候，他"无聊得要命"。

7月5日，乔安娜写信告诉文森特她怀了提奥的孩子。这个孩子将于2月份来到世上。乔安娜和提奥希望这是个男孩儿：他们将给他取名为文森特。

　　同一天，文森特在信中写道："我很愿意相信疾病有时也能治愈我们。"在圣雷米精神病院，他持续观察自己的身体，揣量身体痛苦的程度。他需要"学会默默忍受痛苦，而不呻吟抱怨，学会正视痛苦而不带半点反感"。痛苦？难道痛苦没有正当理由表现自己吗？目前，痛苦好似"令人绝望的决堤洪水"。面对我们的无知，文森特提出：难道凝视"以画的形式"存在的麦田不是更好吗？但可以确定的是："画画远比任何其他事物更能使我得到放松和消遣。这是最好的药方。"

　　夏日的炎热叫他难以忍受，但也令他陶醉："外面，知了声嘶力竭地唱着，这种刺耳的叫声比蟋蟀的叫声要响上十倍，而被晒伤的草带着老黄金的美丽色调。"

　　文森特滴酒不沾。医院拒绝给他酒喝。他回想起那段时常被苦艾酒灌醉的时光。在巴黎咖啡馆里狂热灌酒的经历使他获得了使用鲜艳色调的灵感。但现在，他想要"画得更暗淡一些"。

　　有时，他坐在铁窗前，反复叨念："无论做什么，钱的问题总是在那里，就像部队面前的敌军一样。"

　　1889 年 7 月初。——在看护头子特拉比克的陪同下，文森特来到了阿尔勒。他在吉努家的咖啡馆度过了一整天，吉努一家见到他都很高兴。然后他又短暂地拜访了拉谢尔。他包起了几幅留在那里晾干的画。

　　第二天，天刮着大风，文森特正在田里画画，突然他的病又发作了，而且异常剧烈。这次持续了近两个月。他出现了大量的宗教幻觉，并像要入地狱一般撕心裂肺地号叫，以至于四天内因喉部过于肿胀而无法进食。他写不了字，几乎无法自我表达。在自己房里，他试图吞下颜料管里的颜料和一小瓶松节油。当看护发现他时，他已经失去了意识，有颜色的口水不断从嘴里往外流。医生立刻给他开了催吐药。

　　佩隆医生禁止他画画，无论在画室还是野外。但 8 月底，在提奥的努力下，文森特被允许在自己房间里画画。整整六周，他没有走出房门一步。佩隆医生注意到："他自杀的想法消失了，只留下痛苦的噩梦。"

　　9 月 10 日，文森特写道："我努力恢复健康，就像一个想要自杀的人，却发现水太冷，设法靠岸一样。"

他眼里"混乱不堪且残忍"的幻觉使得他对一切或多或少与宗教有关的东西都充满着强烈的憎恶之情：无论是修女还是内院里古老的石头。

他又去野外画画了，无论刮风还是日晒。他从早到晚都在画画，"从未放弃"。在几位好事者眼中，他画得很快。他自言自语："笔触——画刷画出的每一笔多有趣啊。"确实，继巴黎之旅以来，他的"笔触"在不断变化。现在，它们勾画的轮廓越来越精确，也越来越有把握——他希望他的素描"更刚劲有力，也更坚决"。在没有色彩的素描中，文森特笔下的线条、十字和点使人联想到色彩；相反，当色彩布满整个画面时，油画笔的运动令人想起削过的、用来画素描的芦苇笔。

当他身心恢复健康时，他开始思考自己的命运。在他看来，画画会危及他的神经，让他的身体付出代价，而提奥也需要为此耗费金钱。但他的画作并未给他俩带来任何收益。画画只不过是疯狂的行为，还令他越来越忧郁："不要让悲伤像泥沼里的水一样积聚在我们的灵魂里。"

***

提奥给文森特寄去了米勒和德拉克洛瓦画作的黑白复制品，这样文森特画油画时可以照着临摹并上色。即使这些临摹画并非为观众而作，但在文森特眼里，它们是他作品的主要部分。他并不是一味地模仿，而是转译。他并不是抄袭大师们的画作，而是阐释："人们总是要求我们这些画家自己创作，并成为且只成为创作者。好吧，但在音乐领域却不是这样。如果某人演奏贝多芬，他会在里面加入自己对贝多芬的理解。"在房间的墙面上，文森特更喜欢看到米勒或者德拉克洛瓦的复制品，而不是他自己的画作。

当不画画时，他就读提奥寄给他的莎士比亚戏剧。阅读莎士比亚会使他进入极为兴奋的状态，以至于为了平复情绪，他需要立刻"前去端详一把草、一根松枝或一穗麦子"。

　　在大自然面前，文森特会兴奋得几近昏厥。但有时，他一边幻想着在黄昏时刻身处巴黎，一边画着"卖小说的书店，书店里有黄玫瑰色的货架，店门口有黑色的行人——多么现代的主题"。

　　树叶变黄了。这是葡萄收获的季节。距精神病院几小时路程的地方有个葡萄园，文森特在看守的陪同下去那里画画。

　　一天，他画了一位病患的肖像，他因自己忘了后者病患的身份而感到震惊。由于和这些病人一起住得太久了，他已经不把他们看成病人了。但他没有为别的病人画像。

11 月，文森特又获准前往阿尔勒。他在那里待了两天。他再次见到了他的朋友们——吉努一家还有拉谢尔，可能还有另外一位妓女。人们对他很友好，甚至还庆祝他的到来，文森特因此备感欣慰。在车站前的某一瞬间，他想坐上火车去巴黎，但很快改变了主意，回到了圣雷米。

回到北方生活的想法一直困扰着他。他把这个想法告诉了提奥，提奥并没有反对，还开始寻找解决方案。提奥首先想到了卡米耶·毕沙罗，因为毕沙罗曾在家里接待过塞尚和高更。但毕沙罗太太提出了异议，她担心有个精神失常的人在家里会影响到孩子们。于是毕沙罗建议提奥联系某个住在奥维尔小镇[120]的加歇医生。他是毕沙罗的朋友，也是印象派行家，并热衷于创作油画和铜版画。

文森特写信给妹妹，并送了妹妹好几幅画。他建议妹妹把画挂在走廊里，楼梯墙上和厨房里，但千万不要挂在客厅。

文森特收到高更画作《橄榄园内的基督》的草图后，表示强烈抗议。在他看来，高更热衷于圣经题材无法自拔。至于埃米尔·伯纳德，他从未亲眼见过橄榄树，在画同样题材时，他只得依靠想象。文森特尖锐地批评这种创造，正如他反对所有与圣经有关的事物一样。只有早期画家，如伦勃朗和德拉克洛瓦才能画这类主题。画家需要展现的是"思想而不是梦境"。文森特自己也在高更的支持下尝试了抽象画："但这是片着了魔的土地，我的天啊！很快我们就会发现自己站在一堵墙前面。"对他而言，只有主题画最重要，因为主题画中隐藏着真相："我的野心局限于几块土，发芽的麦子，橄榄园和柏树——例如柏树，要画起来并不简单。"

11 月底。——文森特被邀请前往比利时参加"二十人沙龙展"。他寄去了六幅参展画作：两幅《向日葵》，《常春藤》《鲜花盛开的果园》《日出时分的麦田》和《阿尔勒的红色葡萄园》。

　　无论在巴黎还是布鲁塞尔，一些画家和有眼光的绘画爱好者们开始对文森特的画作感兴趣。虽然他们人数不多，但非常热情。他们中的一位——石印专家劳泽[121]去提奥家拜访时，对文森特的画作赞赏有加。在文森特的一幅画作前，他断言这幅画"比维克多·雨果的画都要美"，还直言这是他最钟爱的画。

　　1889年圣诞节。——正如文森特所害怕的那样，距离癫痫第一次发作仅一年时间，第五次危机又出现了，紧接着是第六次，幸好两次发作持续的时间都很短——不到几天。文森特终于松了口气，即便又一次，他"感到脑部神经有点儿错乱了"。

　　文森特现在意识到了和精神病人混在一起生活对他有害。他再也受不了看着那些人无所事事地过一整天，他们唯一的活动就是在固定的时间嚼鹰嘴豆。如果和这些人再同住上一阵子，自己也会完全失去仅剩的理智。时不时，当他仔细端详自己的画作时，他认为这只可能是位病人画的。

　　下雪了。夜里，文森特起床，凝视风景："在我眼里，自然从未如此动人，如此有感觉。"

1890年1月31日。——乔安娜生下了一个男孩。正如之前宣布的那样，他被冠上了伯伯和教父的名字——文森特·威廉。但文森特更希望小男孩继承他父亲的名字：提奥多鲁斯。他为侄子献上了一幅令人惊叹的画："蓝色天空下，大枝开花的杏树枝。"这幅画将被挂在侄子的摇篮上方。

通过提奥，文森特拿到了一月份发行的第一期《法国信使》。艺术评论家阿尔贝·奥里埃[122]在上面发表了一篇盛赞文森特绘画的文章，尤其是以下几段：

"他所有作品的独一无二之处在于毫无节制：无节制的力量，无节制的焦虑，极为强烈的表达。在他对事物之特征毫不含糊的展示中，在他笔下频繁出现的、对事物形状的大胆简化中，在他洋溢着热情、让人振奋的素描和用色中，甚至在最微不足道的技术特色中，显露出这样一位既阳刚又大胆，经常有些粗暴，但时而又天真敏感的画家。此外，他画中几乎酒神式的夸张狂欢让人很容易猜到这是位狂热之人，是资产阶级崇尚的朴实与细节的敌人；他好似喝醉的巨人，更适合移山，而不是摆弄货架上的小玩意儿；他如火山般沸腾的大脑向艺术的所有沟壑中倾倒熔浆；这是位难以抗拒的、疯子一般的天才，常常卓尔不群，有时也会令人发笑，几乎总是处于病态的边缘……

"他的画，有力且充满着愤怒，经常有些笨拙，时而显出些许沉重，但总是夸张地凸显出事物的特征，像大师、像优胜者一样简化，越过所有细节，直至达到最巧妙的综合，甚至偶尔能展现出甚为伟大的风格，但并不总是这样……

"这是位强有力的、名副其实的艺术家，非常罕见，他有着如巨人一般粗暴的双手，又如歇斯底里的女性一般焦灼不安，他受神启迪的灵魂是如此独一无二，在我们当下可悲的艺术领域中是如此特立独行，他是否终有一天——一切皆有可能——会迎来恢复声誉的喜悦，迎来因追赶潮流而悔过的甜言蜜语？或许吧。"

文章以这些话作结："对于当代资产阶级思潮而言，文森特·凡·高既太过简单又太过精妙。他永远无法被其他人充分理解，除了他的弟弟和那些极具艺术家气质的艺术家……当然还有老百姓中的幸运儿们，或者所有的老百姓——那些侥幸逃脱世俗教育训导的人……"

文森特很快做出了回应。他"非常惊讶"，在他看来，阿尔贝·奥里埃的赞美之词有些太夸张了。2月12日，他给奥里埃写了一封充斥着异议的感谢信。他首先指责奥里埃仅称赞自己，而只字未提对他产生重要影响的蒙蒂切利和高更。但在信末，文森特依然向奥里埃表达了感谢之情，以及想要很快在巴黎见到他的愿望。最后，他还送了奥里埃一幅画：刮着密史脱拉风的夏日，麦田边上有几丛柏树。

文森特在写给母亲的信中说，阅读奥里埃的文章"时不时会给他带来很大慰藉"。另外一个令人宽慰的消息来自提奥：2月14日，文森特参加"二十人沙龙展"的画作《阿尔勒的红色葡萄园》以四百法郎的价格被画家欧仁·博赫的姐姐安娜·博赫[123]买下。这是文森特卖出的第一幅画——也将是他在世时卖出的唯一一幅。

***

高更的画作给了文森特灵感，他创作了他的朋友——吉努夫人的肖像，并将其命名为《阿尔勒女人》。他又画了四幅其他版本的吉努夫人像，画面上的吉努夫人总是摆着忧郁的姿势，文森特试图赋予其"与巴黎女人不同的表情"。画人物面容时，他想到了哭着作画的米勒，跪着作画的乔托[124]和安杰利科[125]，还有"如此悲痛，如此感动"的德拉克洛瓦。文森特说，通过画肖像，我们"才能学会思考"。

　　2月24日。——佩隆医生写信告诉提奥，在阿尔勒住了两天后，文森特的癫痫又发作了。文森特什么都记不起来，甚至不知道在哪里过的夜。他还丢了一幅画。这次发病尤其剧烈和痛苦，持续的时间也最长：两个月的幻觉和夜惊，随之而来的是深度抑郁、嗜睡和自杀欲念。文森特在煤堆里打滚，又一次吞下松节油、颜料甚至煤油灯里的煤油。

　　4月中旬，文森特逐渐清醒。他的状况有所好转，尽管他仍感觉到"头像是被箍住一样，虽然确实没有任何疼痛，但完全是麻木的"。

　　他的好几幅画作在巴黎"独立者沙龙"展出。3月19日，提奥告诉文森特他的画作博得了很多赞誉：甚至高更都惊呼这些画或许是"展览最精彩的部分"。

　　3月底，在毕沙罗的引介下，提奥见到了保罗·费尔迪南·加歇医生，后者给他留下了很不错的印象："他看上去像个很明事理的人。"关于文森特的病，加歇医生认为这并不是精神失常，而是另一种病，他没有细说到底是什么病，但认为自己可以治好他。

　　4 月 29 日，文森特告诉提奥："请你拜托奥里埃先生不要再写任何关于我画作的文章了，你要和他强调这一点。首先，他对我画作的描述有误；其次，我真的感到太过悲伤而无法面对这样的宣传。"

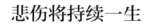

　　1890 年 5 月 16 日。——住院一年多以后，文森特终于离开了原为圣保罗修道院的精神病院。他来到塔拉斯孔火车站，在那里乘坐火车前往巴黎。他把很多画作都留给了佩隆医生，但后者并不看重：他让儿子把这些画当作练习卡宾枪的靶子。当地的一位摄影师也是位绘画爱好者拿回了几幅。他用刮刀抹掉了画面的内容，留下画布便于自己作画。

5 月 17 日上午，文森特抵达巴黎里昂火车站。提奥在站台上等他。他把文森特带到了位于皮加尔街区 8 号四楼的家中。乔安娜 —— 又称"乔" ——接待了他们。她向文森特介绍三个半月大的小文森特·威廉。这也是乔安娜第一次见文森特。她有点儿害怕这一刻，但现在完全放心了 ——文森特的状态很好，脸被晒黑了，面带微笑，"一个结实的男人，肩膀很宽阔"。和他比起来，提奥显得苍白、消瘦，他不停地咳嗽。在饭桌上，他们尽量避免谈及文森特的病，还有被关起来长达数月的痛苦且漫长的时光。

在公寓的墙上，文森特发现了他的一部分画作，其他画作都存放在潮湿的、爬满臭虫的阁楼里。他长时间端详着这些画：他所有的作品都在那里。他希望可以修改其中一部分，毁掉另一部分。

第二天，在提奥的陪伴下，他参观了"战神广场沙龙"。在皮埃尔·皮维·德·夏凡纳 126 的画作《艺术与自然之间》前，文森特丝毫不掩饰他的仰慕之情。很快，大城市的熙熙攘攘让他备感不适：是时候离开了。

***

5 月 20 日，文森特抵达距离巴黎三十多公里的奥维尔小镇，加歇医生就住在那里。尽管没有人预先通知加歇医生文森特会来，加歇医生依然很真诚地接待了他。他们俩一下子就喜欢上了对方。加歇医生给出的诊断让文森特很放心：他的病源自于松节油中毒和对北方人有害的南方阳光。加歇医生驳斥了雷医生和佩隆医生的结论，他们都认为文森特患有某种形式的癫痫。加歇医生相信文森特很快可以痊愈，而且他越是"大胆地"作画，感觉就会越好。他告诉文森特，最重要的是要忘掉先前的发病经历。

　　文森特身体很好，"完全好了"。他说他确信自己得了"南法病"，而且认为回到北方对他的健康有益。他还补充说，在精神病院，无处不在的精神病患最终会对他产生灾难性的影响。

　　加歇医生是个"比较古怪"的人物，正如文森特所注意到的。此外，文森特还发现他身上有着"某种神经方面的疾病"。和自己比起来，加歇医生看上去"至少病得一样重"。

加歇医生每周去巴黎三次，他的诊所就开在那里。他穿着1870年战争时期担当急救医生时所穿的破旧上衣，头戴白色帽子，他的头发和胡子都是棕红色的——人们给他起了个绰号，叫"藏红花医生"。他浅蓝色的眼睛里流露出很忧郁的神情。几年前，他还专门就"忧郁"主题写了一篇博士论文，题为《关于忧郁的研究》。加歇医生的妻子去世了，他有一个十九岁的女儿和一个十六岁的儿子。加歇医生家里就像真正的动物园：八条狗、八只猫，一些兔子、母鸡、鹅，还有一只山羊。他自认为是个社会主义者，也是自由爱运动[127]的追随者。在医学方面，他使用顺势疗法和电疗法；还对面相学、骨相学、字相学和手相术特别感兴趣。

最重要的是，加歇医生是艺术领域的行家。维克多·雨果、奥诺雷·杜米埃、古斯塔夫·库尔贝[128]、奥蒂隆·雷东[129]和乔治·修拉都是他的朋友。他还在马赛见过蒙蒂切利，也见过在奥维尔小镇短住的塞尚。在奥维尔小镇居住期间，塞尚还创作了《自缢者之家》。尽管加歇医生家里塞满了"脏兮兮的、黑不溜秋的旧货"，墙面上却挂着当代画家的作品：莫奈、雷诺阿、西斯莱、基约曼、塞尚和毕沙罗。他也很有才华：几年前，他曾化名为保罗·凡·鲁塞尔在"独立者沙龙"展出自己的画作。

每周日，有时是周一，加歇医生会邀请文森特与他共进晚餐。文森特艰难地大口咽下至少有四道菜的晚餐。偶然一瞥，文森特惊讶地发现加歇医生"因悲伤而脸色僵硬"。

当文森特初到奥维尔小镇时，加歇医生把他带到了离自己家不远的圣欧班旅店。但住宿的价格高达六法郎，超出了文森特能承受的价格。文森特更愿意去另一个位于市政广场附近的旅店。这家旅店由居斯塔夫·拉弗经营，每日价格是三个半法郎。旅店房间毫无装饰：阁楼上用石灰粉刷的小房间，采光很差，里面有一张床、一张桌子、一把椅子，但拉弗一家表现得很好客。拉弗的大女儿阿德琳注意到了文森特的魅力和友善，尽管她并不认为耳朵被切掉一块的文森特长得很帅。

　　至于拉弗家的小女儿，她还是个孩子。她每天晚上睡觉前都要求文森特陪着她，每晚文森特都会给她画一个"沙子小人儿"。

　　白天，文森特在村里闲逛。他喜欢 —— 越来越少见的 —— 布满苔藓的茅草屋顶。他会在田里走上好几个小时。这个地区的阳光很适合他，因为这里的光线并不像普罗旺斯的光线那样受到炙热天气的洗涤。风景使他平静下来，并以别样的方式带给他灵感："这里很美丽，这才是真正的乡村，很有特色且风景秀美。"

文森特九点就睡了，五点起床。他满怀热情地作画，画得又快又多：一望无际的田野——小麦、金花菜、开花的土豆和青豆，还有如血迹一般鲜艳的虞美人和干草垛，干草垛的橘黄色和天空的蓝色针锋相对，高高的麦捆面对面放着，好像对舞的女士们，还有花园和它大量的绿色——嫩绿色、柠檬绿、浅绿色、橄榄绿、海水绿。他画了城堡，太阳下山前一刻，树丛中的城堡显得朦胧且灰暗；他画了昏暗天空下仿佛卷成螺旋型的教堂；他画了呈爆炸形的花束：紫色的鸢尾、毛茛和玫瑰；他还画了一些肖像：弹钢琴的玛格丽特·加歇、阿德琳·拉弗，还有当地一位年轻的农民。肖像画依旧是文森特的最爱，但并不是我们理解的普通意义上的肖像画，而是"现代肖像"。什么是"现代肖像"？他希望即便在一个世纪之后，他创作的肖像依旧可以表现得如"神迹降临"一般。正如加歇医生的肖像：他的脸呈现出"如加热过的红砖一样的颜色"，助产士的手看上去比脸的颜色更浅一些，脸上是"属于我们时代的悲痛表情"。至于阿德琳，她认为肖像与自己一点也不像——但她后来承认文森特早已预见到她将来的模样。

关于自己，文森特总是表现得很坚定："深思熟虑之后，我不能说我画得好，但这是我能做的最不糟糕的事情。其他事情，比如与人打交道，都是很次要的，因为我在这方面没有天赋。我对此无能为力。"

他请求弟弟给他寄二十张安格尔画纸，因为"他在这里有很多东西要画"。他还希望收到查尔斯·巴格的《木炭画教程：为学院写生研究做准备》，该书由古皮尔公司出版，配有石印的插图。他想要更深入地研究比例和裸体画，尽管他没有机会找到模特来将这些知识付诸实践。

　　尽管文森特和加歇医生的关系不错，但有时他们也会相互猜忌，甚至相互斥责。文森特在给提奥的信中写道："我认为完全不能信任加歇医生。首先，在我看来，他比我病得更重，或者让我们说得更公正一些，我们病得一样重，就是这样。然而，当一个盲人引导另一个盲人时，难道两人不会一起摔到沟里？"当医生表现出消沉沮丧的迹象时，文森特提议他们互相交换各自的职业。

　　在镇子上，文森特结识了巴黎人加斯东·塞克雷丹。他父母在离奥维尔小镇不远的地方有个度假房。加斯东十九岁半，很敏感，热衷于绘画、雕塑和音乐——以后，他将在蒙马特夜总会作为歌手登台。他们经常见面，很自然地聊起绘画。加斯东将文森特视作"不为人知的佼佼者"。

　　加斯东很快便把文森特介绍给了他十六岁半的弟弟勒内。勒内穿着靴子，戴着宽边帽，神气活现。他模仿着"水牛比尔"——这位牛仔刚刚凭借在世界博览会上的著名表演在法国一炮走红。六十年后，勒内·塞克雷丹仍记得文森特的眼神："他的眼神异常明亮、深邃，我们在天气恶劣的海岸边上等待的女性们眼中经常会看到同样的眼神。那双眼睛好似不在看任何东西，却又一览无余，眼神仿佛迷失在无限之中。这种凝视的眼神带着焦虑，令人无法忘怀……"

　　勒内和文森特之间很快起了冲突。这个少年被认为是一帮在奥维尔度假的巴黎年轻人的头子。在他们眼里，文森特的举止像极了"吓唬麻雀的稻草人"，他凹凸不平、不分前后的旧毡帽更使他成为被嘲笑的对象。勒内和伙伴们挑衅他，试图激怒他。他们在文森特的咖啡里放盐，在他的烟嘴处抹辣椒，尽一切可能戏弄他。他们说他"有点儿神经病"。一天，他们在文森特的颜料盒里藏了一条死水蛇。文森特差点晕厥。

　　下午，他们会请文森特去拉弗或者马丁老爹小酒馆喝一杯。他们让文森特喝72度的茴香酒。喝醉了的文森特经常会发火，脸孔通红，威胁着要杀掉所有人。但酒醒后，文森特并没有对他们怀恨在心。

　　无论如何，勒内对文森特仍怀有某种同情，"因为他桀骜不驯的性格"。后来，勒内说："坦率地讲，他是虚无主义者，我也是。"

　　为了凑齐牛仔的全套装备，勒内说服旅店老板拉弗先生，让他把手枪借给自己，用来打鸟和松鼠，甚至打鱼——文森特给他起了个绰号，叫"熏咸鲱鱼杀手"。"蹩脚枪"很容易卡住，不是每一枪都能成功射出。勒内总是把枪带在身边，放在钓鱼包里。他之后声称是文森特偷了他的武器。

　　6月初，在巴黎，提奥接待了加歇医生。加歇医生很确定地告诉提奥，文森
特现已痊愈，并邀请提奥来位于奥维尔小镇的家中吃饭。

　　6月8日，星期天。提奥、乔安娜和小文森特·威廉坐火车来到了奥维尔小
镇。为了欢迎他的侄子，文森特送给他一个象征家庭幸福的鸟窝。他们在一起度
过了愉快的下午。文森特很开心，但也因侄子气色不好而担忧。他希望侄子可以
生活在乡下，至少经常来住住。一家人分开了，但他们都希望能尽快重逢。

　　6月30日，提奥告诉文森特，他的儿子情况危急。乔安娜没有奶水，只能给孩子喂牛奶，但他感染了一种疾病，无法消化，因此得给他喂驴奶。坏消息还不止于此。提奥抱怨雇主给的工资太少，他快要入不敷出了。文森特感到很内疚：都是因为他的错，全家人才需要勒紧裤腰带过日子。

　　7月6日，星期天，文森特来到巴黎。他很高兴能重新见到老朋友埃米尔·伯纳德和图卢兹－劳特累克，还与艺术评论家阿尔贝·奥里埃见了面。

　　提奥家的气氛很紧张，侄子的感染刚刚痊愈，乔安娜不得不卧床好几天。
对于即将到来的假期，文森特希望全家一起去奥维尔小镇，但乔安娜更希望和儿
子一起在荷兰度过夏天。文森特表现出不快，并突然决定缩短逗留时间。当天晚
上，他就回到了奥维尔。自第二天起，他又重新开始画画。他画变幻莫测的天空
下大片大片的麦田。

　　文森特写给提奥和乔安娜的信语无伦次、晦涩难懂，而且充满悔意："我能，好吧，我可否做你们想要的 ——无论做什么 ——这样或那样的事情吗？"他补充道，"我觉得自己 ——一无是处。看吧，对我来说 ——我觉得这就是我接受的命运，而且这样的命运不会改变。"

　　接下来的日子里，他的画看上去更平和：瓦兹河岸、茅屋、杜比尼的公园——前景里有一只黑猫，像孩童的画。

　　7 月 27 日，星期天。——如往常一样，文森特与拉弗一家共进午餐。平时，他上午在外面作画，下午在旅店后厅作画。这次午饭之后，他拿起画架就溜去田里了。在一位农民的印象中，他曾听到文森特大喊："这是不可能的！不可能！"令人窒息的一天快要过去了。麦子渐渐披上了黄铜色，微微泛红。多云的天空中乌鸦飞来飞去。文森特走向了城堡。

　　文森特从口袋中拿出手枪，顶住自己的腹部。一声枪响。他倒在了地上，然后又起身。子弹打进了腹腔，一点血迹弄脏了他的衬衣。

　　旅店里，拉弗一家很担心，因为总是准时吃晚饭的住客还没回来。他们仍上桌开始吃饭。突然，文森特出现了。他一言不发地穿过餐厅，径直走上楼，进入自己的房间。拉弗太太注意到他的手捂在胸口以下的位置。她让拉弗先生上楼看看。拉弗先生跟着上去了。

　　拉弗先生听到呻吟声，便开始敲门：没有回应。他走进去：满身是血的文森特蜷缩在床上。旅店老板不停追问，文森特起先没有回答，但最后终于开口："我自杀没成功。"

　　拉弗先生跑去找镇上的玛兹里医生。医生来到病床前，检查了一下伤口，并进行了包扎。文森特想见加歇医生。加歇医生闻讯立刻赶来了，和他的儿子一起。现在是晚上九点。

　　两位医生企图打消旁人的顾虑：伤口出血量很少，没有伤到任何重要器官。他们拒绝取出子弹——出于各种原因，他们都坚决反对外科手术。他们选择等待并建议"观察和绝对的休息"。玛兹里医生回去了。文森特想要抽烟，有人把烟斗递给了他。加歇医生试图索要提奥的地址，但文森特不希望为了这么点事情打扰弟弟。加歇医生也回去了。根据阿德琳·拉弗的证词，他的父亲守了文森特一整夜。

　　周一上午，警察来到旅店确认文森特的行为是否属于自杀。文森特仅对他们说："这与别人无关。"其间，加歇医生请画家赫希[130]通知提奥，提奥立马赶来了。一见到文森特，提奥的情绪就崩溃了。文森特平静地低语道："不要哭，我这么做是为了大家好。"文森特没有抱怨，他平静地抽着烟。提奥一整天都没有离开他。炎热的下午，在闷热得令人窒息的阁楼里，兄弟俩用荷兰语交谈了很长时间。提奥说相信文森特能很快恢复。但文森特回答道："没用的，悲伤将持续一生。"

　　傍晚、夜晚相继而至，带来些许清凉。提奥仍然待在哥哥身边。文森特的呼吸越来越困难，他几乎快要窒息了。凌晨一点半，他去世了。年仅三十七岁零四个月。

　　在文森特的口袋里，提奥发现了一封给自己的信。信是这样结尾的："好吧，我的工作，我为此冒着失去生命的危险，并丧失了一半理智。好，但你不在我所知的画商之列，我认为你可以有自己的立场，真正地在行动中表现出人性，但那又能怎么样呢？"

　　文森特去世六个月后，1891 年 1 月 25 日，提奥·凡·高也去世了。他去世之前因精神疾病被关在乌得勒支的一家疗养院里。两人并排长眠于奥维尔镇小小的公墓里。

　　传奇到此为止。

最近有人提出一种假设：文森特并没有穿过田野前往城堡方向，而是走向位于相反方向的沙彭瓦尔路，直至布歇路上农场的小院子里。在那里，他遇到了勒内。他们争执了起来，勒内从钓鱼包里掏出手枪，射向文森特。这是没有预谋的谋杀。

在村里，闲言碎语走得远比调查快。整个调查异常草率：警察根本没有进行搜查，他们既没有找到手枪，也没有找到画家的画具——画架、画布、素描本、颜料盒。文森特去世后，他们也没有取出子弹。一位可怜的疯子，还是个荷兰人，不可能被一位巴黎显贵的儿子杀害。

很多问题依然无解：要是文森特想要自杀，他为什么没有给弟弟留下明确的字条，甚至遗嘱？为什么他没有选择自己有些许了解的毒药？如果选择开枪自杀，为什么没瞄准头部或心脏？射偏了之后，为什么没有开第二枪？

文森特

文森特想要结束自己的生命，先前一事无成的他——正如他自己所言——这次难道又失败了？在提奥刚刚建立的小家庭中，他觉得自己是多余的。他认为自己是个负担，既没有钱，也没有前途。自杀的选择源于一时冲动，并没有预谋。他只有在发病时才会想到自杀，其他时间，他都反对自杀。

　　文森特可能真的一事无成。他曾对此深信不疑。他的画作也是失败的。但什么样的绘画算得上成功呢？

　　他希望他的画作能"抚慰人心"。他坚持认为带来慰藉是种美德。如果我们仔细观察他的画，画里的人物唤起的更多是怜悯，甚至厌恶：丑陋且不抱幻想的妓女；因过度劳作而筋疲力尽的农民和织布工人——被不幸和贫穷损毁的、使人厌恶的容貌，惶恐不安的眼神，一如泛着绿色的灰暗中走出的幽灵。文森特的绘画预示着表现主义的到来：它们并不使人感到宽慰。即使是他笔下的向日葵和奢华的鸢尾——平静表象下的激情，濒死之花的虚荣——都有着某种令人不安的东西。至于风景，在烈日下，它们呈螺旋状和涡状，让人联想到疯狂。是的，无意中，他的画并不讨人喜欢，甚至它们不惧表现出自身的幼稚、孩子气，黏糊糊的画面看上去极为厚重。它们也不担心夸张的用色，直至使所有颜色都摇晃起来。它们从混沌中诞生，又归于混沌。

　　文森特所从事的不是一般意义上的绘画：他利用绘画做"研

究"。研究，即尝试，尝试化不可见为可见。因为文森特认为真相是隐藏的，只有画家可以使其显露。他嘲笑自己的笨拙，配不上自己崇拜的学院派经典。他不懂如何画素描，更不懂油画。这不重要：他将自己的缺陷化作武器，一件他有心一直挥动的武器。尽管受到冷落与敌意，他依然想要展现世界，展现另一个世界——他的画中没有任何初生的现代性迹象。他自足于再现最古老的农民生活，自足于赞颂自然。他渐渐升起，居于现时之外。

有一段时间，他曾试图展现博里纳日无产阶级的苦难，但因为无法做到便很快放弃了。让我们再次强调：他的手段有限，灵感也很有限。他越画越觉得失败，在如此极端消极的判断中，没有半点矫揉造作的成分。但文森特相信自己的命运，他坚信艺术史上会有自己的席位——链条中缺失的那一环。这确实也是他去世后占据的那个位置。

除了弟弟提奥，没有人真正相信过他的画。尽管如此，他依旧以极为轰动的方式进入了艺术史。不仅如此，他还进入了大写的历史。他不可避免地成为历史上脱离社会的、自由人的象征。我们被他的命运所感动并非出于同情，在他身上，我们看到了对存在的苛求，正如我们每个人内心隐匿的目标，被循规蹈矩表象所覆盖的那束光芒，这一切从对自我的再现开始。那些曾被认为是败笔，而如今被挂在墙的画作，为什么有那么多人簇拥在它们面前？文森特是位英雄——来自底层的，属于他们的英雄。人们想要将他的英雄主义化为己有，哪怕只是在想象中。他们或许渴望这样的英雄主义，它如镜子一般呈现在他们面前。画家的笨拙与失败并不重要，他的荷兰派画作过于显著的丑陋也不重要。这种丑陋对观众而言恰恰是有益的。学院派具有审美价值且令人肃然起敬的绘画已无法满足他们的需求。他们需要另一种灵感。

文森特不满足于揭露丑陋，他借助绘画以极为可怕的方式再现丑陋。这并非出于意愿或者挑衅，而是因为他没有别的选择。通过以极为可怕的方式再现丑陋，他决绝地斩断了与传统的关联。自此，历史上出现了"凡·高之前"与"凡·高之后"。

资料来源

Vincent van Gogh
Correspondance complète
Gallimard et Grasset, Paris, 1960

Vincent van Gogh
Lettres à Van Rappard
Grasset et Fasquelle, Paris, 1950

Henri Perruchot
La Vie de Van Gogh
Hachette, Paris, 1955

Victor Doiteau
«Deux "copains" de Van Gogh, inconnus, les frères Gaston et René Secrétan, Vincent, tel qu'ils l'ont vu»
Revue *Aesculape*, Paris, mars 1957

M. E. Tralbaut
Van Gogh, le mal-aimé
Edita, Lausanne, 1969

David Haziot
Van Gogh
Gallimard, Paris, 2007

Rainer Metzger et Ingo F. Walther
Van Gogh
Taschen, Cologne, 2008

Steven Naifeh et Gregory White Smith
Van Gogh
Flammarion, Paris, 2013

Les dessins des pages
51, 58, 116, 117, 163, 164, 168, 182, 186 et 200 sont inspirés de toiles de Vincent van Gogh

（注：第 51、58、116、117、163、164、168、182、186 和 200 页插图均源自文森特·凡·高的画作。）

注 释

1. 作者的《不确定宣言》系列第一卷于 2012 年出版，目前已出至第九卷。

2. 原文为"Loge P2"，指"Propaganda Due"，是成立于 1877 年的共济会大东方组织下的意大利支部。这是一个极右派组织，后因违宪而转入秘密活动，成为一个假借"共济会"名义的秘密组织。

3. 伊西多尔·杜卡斯（Isidore Ducasse，1846—1870），出生于乌拉圭的法国诗人，以笔名洛特雷阿蒙伯爵（Comte de Lautréamont）闻名遐迩，著有《马尔多罗之歌》等诗歌杰作。

4. 瓦尔特·本迪克斯·舍恩弗利斯·本雅明（Walter Bendix Schoenflies Benjamin，1892—1940），德国学者，犹太人，被称为"欧洲的最后一位文人"。主要作品有《德国悲剧的起源》《发达资本主义时代的抒情诗人》《单向街》《巴黎拱廊街》等。本雅明的一生是一部颠沛流离的戏剧，他最后在西班牙边境的海边小镇布港镇自杀。他也是《不确定宣言》前三卷中最主要的主人公。

5. 科斯塔斯·帕帕约阿努（Kostas Papaïoannou，1925—1981），希腊裔法国哲学家和艺术史学家，以研究黑格尔以及马克思的作品而出名。

6. 威廉·福克纳（William Faulkner，1897—1962），美国作家，意识流文学在美国的代表人物，1949 年诺贝尔文学奖得主，其最著名的作品是小说《喧哗与骚动》（1929）。

7. 保尔·莱奥托 （Paul Léautaud，1872—1956），法国作家、戏剧评论家，著有十九卷本的《文学日记》，四卷本的《个人日记》等。

8. 阿尔勒（Arles）：法国城市，位于法国东南部的普罗旺斯－阿尔卑斯－蓝色海岸大区罗讷河口省。

9. 卡马尔格（Camargue）位于罗讷河三角洲的两支流间，西欧地区最大的河口三角洲，三分之一以上都被长满芦苇的湖泊或者沼泽地所覆盖。

10. 圣玛丽－德拉梅尔（Saintes-Maries-de-la-Mer），位于卡马尔格的海边小镇，因为凡·高的油画《圣玛丽－德拉梅尔海边的渔船》而闻名。

11. 原书中，叙事与日记体交叉。具体日期之后通常是日记体，原作者用"——"将日记内容与日期隔开。

12. 《阿尔勒的红色葡萄园》（La Vigne Rouge）是凡·高于 1888 年创作的油画作品，现藏于莫斯科普希金博物馆。

13. 欧仁·德拉克洛瓦（Eugène Delacroix，1798—1863），法国画家，被认为是浪漫派的主要代表，代表作有《萨达那帕拉之死》《闺房里的阿尔及尔女人》《希俄斯大屠杀场景》和《自由引导人民》。

14. 卡米耶·柯罗（Camille Corot，1796—1875），法国画家，巴比松画派创始人之一，代表作有《纳尔尼河上的桥》《池塘边的三头牛》等。

15. 让－弗朗索瓦·米勒（Jean-François Millet，1814—1875），法国画家，巴比松画派创始人之一，尤其以其逼真的乡村和农忙场景而闻名，代表作有《拾穗者》《播种者》《晚祷》等。

16. 布拉班特（Brabant）原为中世纪欧洲西北部的封建公国，于 18 世纪末结束于法国大革命的爆发。其北部形成了荷兰的北布拉班特省，南部最后成为比利时的一部分，并被划分为弗拉芒 – 布拉班特省和瓦隆 – 布拉班特省两省。

17. 格鲁特 – 津德尔特镇（Groot-Zundert），位于荷兰南部，是荷兰与比利时交界的边境小镇。

18. 乌得勒支（Utrecht）：荷兰第四大城市，乌得勒支省的省会，因教堂和大学而闻名。

19. 格罗宁根宗派（Groningue）：格罗宁根宗派由一群主要在格罗宁根市布道的荷兰改革宗牧师和神学家组成，他们寻求介于神学自由主义和正统加尔文主义之间的中间道路。

20. 阿道夫·古皮尔（Adolphe Goupil，1806—1893），法国艺术品交易商。

21. 布雷达（Breda）：荷兰城市，位于荷兰南部的北布拉班特省。

22. 讷伊（Neuilly）属于法兰西岛大区上塞纳省，位于巴黎市的西北、塞纳河右岸。

23. 巴比松画派（Barbizon school）指一群于 1830 至 1880 年间，活动在邻近枫丹白露森林的巴比松镇的法国风景画家。他们形成了一个非正式的流派，或者说是艺术家群体，厌倦都市活动，信奉"回归自然"。核心成员有卢梭、杜比尼等。

24. 文森特的老板全名为 Hermanus Gijsbertus Tersteeg。

25. 约翰内斯·维米尔（Johannes Vermeer，1632—1675），荷兰画家，以风俗画著称，与伦勃朗和弗朗斯·哈尔斯一起被认为是荷兰绘画黄金时代最重要的三位画家，代表作有《德尔夫特风景》《倒牛奶的女仆》《戴珍珠耳环的少女》《天文学家》等。

26. 弗朗斯·哈尔斯（Frans Hals，约 1580—1666），荷兰巴洛克画家，代表作有《波希米亚女人》《微笑的骑士》《弹曼陀铃的小丑》等。

27. 伦勃朗·哈尔曼松·凡·莱因（Rembrandt Harmenszoon van Rijn，1606—1669），一般被认为是绘画史，尤其是巴洛克绘画史上最伟大的画家之一，也是 17 世纪荷兰画派最重要的画家之一，代表作有《尼古拉·特尔普教授的解剖课》《夜巡》《以马忤斯的门徒》《手拿大卫信的浴中的拔示巴》等。

28. 早期弗拉芒画派（les primitifs flamands），指 1420—1523 年左右，在尼德兰的弗拉芒地区活跃的艺术派别，绘画风格属哥特式后期，代表人物有凡艾克兄弟、汉斯·梅姆林、凡德尔·高斯、罗伯特·康宾、凡德尔·维登、杰勒德·大卫等。

29. 安特卫普（Anvers）：比利时城市，是安特卫普省的省会。

30. 彼得·保罗·鲁本斯（Peter Paul Rubens，1577—1640），弗兰德斯画家，代表作有《猎虎》《三王来拜》《劫掠列其普的女儿》等。

31. 席凡宁根（Scheveningen）海滩是荷兰最著名的海滨度假胜地，紧邻海牙，其旅游业历史可以追溯到 1 世纪以前。

32. 约瑟夫·伊斯拉埃尔（Jozef Israëls，1824—1911），荷兰现实主义画家，代表作有《海边的孩子》《犹太婚礼》等。

33. 雅各布·马里斯（Jacob Maris，1837—1899），荷兰画家，海牙画派代表之一，代表作有《斯希丹附近的村庄》《石头磨坊》等。

34. 亨德里克·威廉·梅斯达格（Hendrik Willem Mesdag，1831—1915），荷兰画家，代表作有《渔船》《梅斯达格全景》等。

35. 简·魏森布鲁赫（Jan Weissenbruch，1822—1880），荷兰画家。

36. 安东·莫夫（Anton Mauve，1838—1888），荷兰画家，海牙画派代表之一，代表作有《渔船》《沼泽》《菜园》等。

37. 布里克斯顿（Brixton）是位于英国伦敦南部的一个区，在行政区划上属于兰贝斯自治区。

38. 朱勒·米什莱（Jules Michelet, 1798—1874），法国历史学家、作家，著有《法国史》《法国大革命史》等。

39. 欧内斯特·梅索尼尔（Ernest Meissonier, 1815—1891），法国画家、雕塑家，擅长军事历史主题绘画和风俗画，代表作有《巴黎之围》《尚皮奥内将军》等。

40. 菲力普·德·尚帕涅（Philippe de Champaigne, 1602—1674），法国古典主义画家，代表作有《黎塞留肖像》《路易十三肖像》《拉撒路的复活》等。

41. 保罗·塞尚（Paul Cézanne, 1839—1906），法国画家，曾是印象派运动的成员，被认为是后印象派和立体派的先驱，代表作有《圣维克多山》《塞尚夫人像》《苹果》等。

42. 埃德加·德加（Edgar Degas, 1834—1917），法国画家、雕塑家，印象派创始人之一，代表作有《舞蹈课》《新奥尔良棉花办公室》等。

43. 奥古斯特·雷诺阿（Auguste Renoir, 1841—1919），法国画家，印象派创始人之一，长于画肖像，代表作有《煎饼磨坊的舞会》《弹钢琴的少女》《青蛙塘》等。

44. 阿尔弗雷德·西斯莱（Alfred Sisley, 1839—1899），居住在法国的英国画家，与印象派运动关系密切，代表作有《马尔利港的洪水》《马尔利的舍尼尔广场》等。

45. 卡米耶·毕沙罗（Camille Pissarro, 1830—1903），丹麦裔法国画家，印象派重要创始人之一，代表作有《菜园和花树·蓬特瓦兹的春天》《雪中的林间大道》等。

46. 埃米尔·苏维斯特（Émile Souvestre, 1806—1854），法国律师、记者、作家。

47. 奎埃姆斯（Cuesmes），位于比利时埃诺省省会蒙斯附近。

48. 加莱（Calais）是法国重要的港口，位于法国北部，北与比利时接壤，与英国隔海相望。

49. 朗斯（Lens）位于法国北部，是加莱海峡省的一个行政区。

50. 库里耶尔（Courrières），法国北部小城，属加莱海峡省。

51. 朱勒·布勒东（Jules Breton, 1827—1906），法国画家、诗人，著有《拾穗者》《竖立耶稣受难十字架》等。

52. 查尔斯·巴格（Charles Bargue, 1825—1883），法国画家、版画家，作品多具有东方主义风格和历史场景的特色。他最大的贡献在于创立了绘画学科，并撰写了相应的课程辅导教材，其教材于1866年间出版。

53. 阿尔芒·卡萨尼（Armand Cassagne, 1823—1907），法国画家。

54. 雅各布·凡·雷斯达尔（Jacob van Ruisdael，约1628—1682），荷兰油画家、版画家。擅长捕捉大自然的力量与活力，许多林景作品如《倒树》《林景》成为19世纪欧洲风景画家们效仿的典范。

55. 查理－弗朗索瓦·杜比尼（Charles-François Daubigny, 1817—1878），法国画家，隶属于巴比松画派，被认为是浪漫主义运动和印象派之间的关键画家之一。

56. 泰奥多尔·卢梭（Theodore Rousseau, 1812—1867），法国画家，巴比松画派创始人之一，代表作有《阿普雷蒙特橡树园》《春天》等。

57. 凡·拉帕德（Anthon van Rappard, 1858—1892），曾经是凡·高的好友，后来因《吃土豆的人》而绝交。

58. 奥古斯特·阿隆奇（Auguste Allongé, 1833—1898），19世纪法国著名印象派风景绘画大师。他的炭笔绘画方法十分独特，创建了著名的阿隆奇式绘画，并编写了炭笔画教程，在欧洲为主流绘画基础教材。

59. 古斯塔夫·多雷（Gustave Doré，1832—1883），法国插画家、漫画家。

60. 奥诺雷·杜米埃（Honoré Daumier，1808—1879），法国插画家、漫画家、雕塑家，一生创作了4000多幅版画，他最广为人知的是政治题材的漫画。

61. 保罗·加瓦尔尼（Paul Gavarni，1804—1866），法国插画家、水彩画家、版画家。

62. 亨利·莫尼埃（Henri Monnier，1799—1877），法国漫画家、插画家、剧作家和演员。

63. 施汤站：给穷人施舍食物的地方。

64. 辉柏嘉（Faber）和孔蒂（Conté）均为世界著名、历史悠久的书写及绘画工具品牌。

65. "回头的浪子"源自路加福音15章11—32节题为"浪子"的寓言。该寓言讲述了一个儿子在挥霍了遗产后，身无分文地回到父母身边的故事。出乎他意料的是，他的父亲却热情地迎接他。

66. 日本缩缅绘，日语叫 ちりめんえ，缩缅是一种日本丝绸，质地类似于绉绸。缩缅绘是当时日本极为常见的廉价画制品，多见于欧洲码头，时常被用来包裹来自日本的货物。

67. 雅各布·乔登斯（Jacob Jordaens，1593—1678），弗拉芒画家、雕刻家，著有《诱拐欧罗巴》《被缚的普罗米修斯》等。

68. 扬·范·戈因（Jan van Goyen，1596—1656），荷兰风景画家。

69. 夏尔·维尔拉（Charles Verlat，1824—1890），比利时画家、雕刻家。

70. 费尔南德·柯罗蒙（Fernand Cormon，1845—1924），法国画家，他的画室被称为"通往沙龙的通行证"。

71. 约翰·彼得·罗素（John Peter Russell，1858—1930），澳大利亚印象派画家，代表作有《凡·高肖像》《艺术家自画像》《画家之子玩螃蟹》等。

72. 路易·安克坦（Louis Anquetin，1861—1932），法国画家，代表作有《夜间香榭丽舍大街上的女士》《亨利·萨纳瑞》等。

73. 亨利·德·图卢兹 – 劳特累克（Henri de Toulouse-Lautrec，1864—1901），法国画家、插画家，代表作有《红磨坊舞会》《磨坊街沙龙》等。

74. 埃米尔·伯纳德（Émile Bernard，1868—1941），法国画家、作家。

75. 爱德华·马奈（Édouard Manet，1832—1883），法国十九世纪最重要的画家之一，现代绘画先驱，代表作有《草地上的午餐》《吹短笛的男孩》《奥林匹亚》等。

76. 纳西丝·迪亚兹·德·拉佩尼亚（Narcisse Diaz de la Peña，1807—1876），法国画家。

77. 亨利·德·布雷克勒（Henri de Braekeleer，1840—1888），比利时画家。

78. 阿道夫·蒙蒂切利（Adolphe Monticelli，1824—1886），法国画家。

79. 表现主义（l'expressionnisme），现代重要艺术流派之一，20世纪初流行于德国、法国、奥地利、北欧和俄罗斯，1901年法国画家朱利安·奥古斯特·埃尔韦为表明自己绘画有别于印象派而首次使用该词。后德国画家也在章法、技巧、线条、色彩等诸多方面进行了大胆的"创新"，逐渐形成了派别，并发展到音乐、电影、建筑、诗歌、小说、戏剧等领域。

80. 斑点派，20世纪兴起于法国的一种艺术流派。源于法语中 tache，即"斑点"。

81. 喜多川歌麿（Kitagawa Utamaro，1753—1806），日本江户时代的浮世绘画家，广誉欧洲，代表作有《妇人相学十体》《青楼女子》等。

82. 葛饰北斋（Katsushika Hokusai，1760—1849），日本江户时代的浮世绘画家，许多欧洲画家如德加、马奈、凡·高等都临摹过他的作品，并受到其画作影响，代表作有《神奈川冲浪里》《富士越龙》等。

83. 歌川广重（Utagawa Hiroshige，1797—1858），原名安藤德太郎，是日本浮世绘画家，以一系列关于富士山和江户（今东京）的版画著称，代表作有《东都名胜》《东海道五十三次》等。

84. 乔治·修拉（Georges Seurat, 1859—1891），法国画家，分色技术的发明者，与塞尚、高更、凡·高并称后印象派四大画家，著有《阿尼埃尔的浴场》《大碗岛的星期天下午》等。

85. 让·饶勒斯（Jean Jaurès, 1859—1914），法国政治家，法国社会党领导人，1914 年 7 月 31 日被暗杀。

86. 弗朗索瓦·科佩（François Coppée, 1842—1908），法国诗人、剧作家、小说家。

87. 卡蒂勒·孟戴斯（Catulle Mendès, 1841—1909），法国小说家、诗人、剧作家和文学评论家。

88. 路易丝·韦伯（Louise Weber, 1866—1929），人们称她为"拉古丽"，是当时巴黎蒙马特地区颇受欢迎的康康舞者。

89. 阿里斯蒂德·布吕昂（Aristide Bruant, 1851—1925），法国歌手、作家。

90. 吕西安·毕沙罗（Lucien Pissarro, 1863—1944），法国画家，卡米耶·毕沙罗的长子。

91. 埃马纽埃尔·普瓦雷（Emmanuel Poiré, 1858—1909），卡朗·达什是他的笔名，俄裔法籍插画家、漫画家。

92. 让 – 路易·福兰（Jean-Louis Forain, 1852—1931），法国画家、插画家、雕刻师。

93. 泰奥菲勒·亚历山大·史太因林（Théophile Alexandre Steinlen, 1859—1923），瑞士无政府主义艺术家、画家、插画师、雕刻师、雕塑家，1901 年加入法国籍。

94. 阿方斯·阿莱（Alphonse Allais, 1854—1905），法国记者、作家。

95. 阿戈斯蒂娜·塞加托里（Agostina Segatori, 1841—1910），意大利画作模特，意大利餐酒馆的老板，曾为爱德华·丹坦、让 – 巴蒂斯特·柯罗、文森特·凡·高和爱德华·马奈等知名巴黎画家做过肖像模特。

96. 让 – 莱昂·热罗姆（Jean-Léon Gérôme, 1824—1904），法国画家、雕塑家。

97. 苏珊娜·瓦拉东（Suzanne Valadon, 1865—1938），原名玛丽 – 克莱芒蒂娜·瓦拉东（Marie-Clémentine Valadon），法国画家。

98. 保罗·西涅克（Paul Signac, 1863—1935），法国风景画家，点画派创始人之一。

99. 阿尔诺·亨特利克·科宁（Arnold Hendrik Koning, 1860—1945），荷兰海牙派画家。

100. 阿尔芒德·基约曼（Armand Guillaumin, 1841—1927），法国画家，印象派团体最早也是最忠实的参与者之一。

101. 保罗·高更（Paul Gauguin, 1848—1903），19 世纪法国的主要画家之一，现代绘画艺术先驱，阿旺桥（Pont-Aven）画派的领袖，著有《高更公寓》《马提尼克岛风光》《布道之后的幻视》《采杧果的女人》等。

102. 法国南部及地中海上干寒而强烈的西北风或北风。

103. 让娜·卡勒芒（Jeanne Calment, 1875—1997），法国女性，去世时一百二十二岁，是出生日期经过核实的长寿老人中寿命最长的人。

104. 佐阿夫兵（les zouaves）为法国的轻步兵，从阿尔及利亚人中募集组成，以服装华丽和严格的军事管理著称。

105. 道奇·麦克奈特（Dodge MacKnight, 1860—1950），美国水彩画家。

106. 此人全名叫保罗 – 欧仁·米利耶（Paul-Eugène Milliet）。

107. 此段为凡·高手稿选段。

108. 客西马尼园（Garden of Gethsemane），耶路撒冷的一个果园。

109. 欧仁·博赫（Eugène Boch, 1855—1941），比利时画家。

110. 夏尔·拉瓦尔（Charles Laval，1862—1894），法国阿旺桥学派画家。

111. 西奥多·杰利柯（Théodore Géricault，1791—1824），法国画家、雕塑家。

112. 蒙波利埃（Montpellier），法国南部城市，位于地中海沿岸，为埃罗省的省会。

113. 亨利·都德（Henri Daudet，1847—1917），法国画家、摄影师。

114. 夏尔－弗朗索瓦·多比尼（Charles-François Daubigny，1817—1878），法国画家、雕刻家。

115. 费利克斯·齐姆（Félix Ziem，1821—1911），巴比松派法国画家，因威尼斯和君士坦丁堡的海景等风景画出名，被认为是印象派运动的先驱之一。

116. 弗朗索瓦－文森特·拉斯帕伊（François-Vincent Raspail，1794—1878），法国化学家、植物学家和政治家。

117. 小伍长（le petit caporal）：拿破仑一世的绰号。

118. 依照巴泰勒米神父的解释：特贝（Thébé），特尔吕（Thelhui）之女，负责为奥西里斯神（Osiris）祭献供品，她从未抱怨过她的丈夫，或者更确切地说，她从未抱怨过任何人。在奥西里斯神眼里，她纯洁无瑕。因此，她得到了奥西里斯神的庇佑。引自奥班－路易·米林（Aubin-Louis Millin）著作《法国南部各省之旅》（*Voyage dans les départemens du midi de la France*）第6卷第126页。

119. 圣雷米（Saint-Rémy）位于法国阿维尼翁南侧，是一座十分宁静安详的古罗马小镇。

120. 奥维尔小镇（Auvers-sur-Oise）位于巴黎近郊三十公里的瓦兹河右岸。

121. 奥古斯特·劳泽（Auguste Lauzet，1863—1898），法国画家和雕刻家。

122. 加布里埃尔－阿尔贝·奥里埃（Gabriel-Albert Aurier，1865—1892），法国作家、诗人，19世纪末法国艺术理论家、批评家。

123. 安娜·博赫（Anna Boch，1848—1936），比利时印象派、光点派画家、艺术资助人。

124. 乔托·迪邦多内（Giotto di Bondone，约1267—1337），14世纪意大利佛罗伦萨画家、雕塑家、建筑师，文艺复兴的先驱之一，他的作品被认为是西方绘画复兴的起源，代表作有《哀悼基督》《逃亡埃及》《犹大之吻》等。

125. 弗拉·安杰利科（Fra Angelico，约1395—1455），15世纪意大利画家，以画天使著称，瓦萨里认为他具有"罕见而完美的天赋"，代表作有《天使报喜》《圣母加冕》等。

126. 皮埃尔·皮维·德·夏凡纳（Pierre Puvis de Chavannes，1824—1898），法国画家，被认为是象征主义绘画的先驱，是19世纪法国绘画领域的重要人物，代表作有《艺术女神与缪斯在圣林中》《文学、科学和艺术》等。

127. 自由爱运动（l'amour libre）指的是自19世纪末以来法国拒绝婚姻的社会运动。从某种程度上而言，自由爱运动是无政府主义运动的产物，它呼吁国家和教会不干涉人际关系，尤其是爱情关系。

128. 古斯塔夫·库尔贝（Gustave Courbet，1819—1877），法国画家、雕塑家、现实主义运动的领导者，代表作有《奥尔南的葬礼》《带黑狗的自画像》《戴皮腰带的男人》等。

129. 奥蒂隆·雷东（Odilon Redon，1840—1916），法国象征主义画家、雕刻家。

130. 安东·赫希（Anton Hirschig，1867—1939），荷兰画家，凡·高去世时，他与凡·高一起住在奥维尔小镇的拉弗旅店。

出版后记

　　法国作家、艺术家费德里克·帕雅克的《不确定宣言》是 21 世纪第二个十年中令世界瞩目的出版现象，一共九卷，从 2012 年到 2020 年陆续出版，在出版的过程中就斩获了欧洲三大奖项：2014 年获美第奇散文奖，2019 年获龚古尔传记奖，2021 年获瑞士文学大奖。

　　2021 年秋，后浪引进出版了《不确定宣言》为瓦尔特·本雅明立传的前三卷，受到广泛关注，年终时不仅入围《新京报》年度阅读推荐榜，还被评为该报年度好书。《新京报》给《不确定宣言》的致敬词这样写道："作者用最契合本雅明的方式打通了文学、传记、艺术与历史记忆之间的通道，用黑白相间的笔墨描绘了那个明暗交织的时代中光影错乱的人们。"

　　龚古尔文学奖得主莱拉·斯利马尼评论道："与您料想中的不同，这部书既不是传统传记也不是文人学者们的研究大作。《不确定宣言》的写作基于详实的文献资料，它能给您非常多的东西，但它的美并不在于此。它的力量源自作者独到的视角——作者以极为个性化、恣意洒脱且自由不羁的方式走向另一位艺术家。写作的帕雅克既不是历史学家，也不是圣徒传记作者，他的《不确定宣言》在拒绝一切观念学说、一切确定性的同时，赋予怀疑与裂痕以无上特权。我赠予书的亲友们都被它征服了：和我一样，他们开始收集这个系列，将其作为礼物赠给他人；这些书的阅读陪伴着他们度过无眠之夜。书中的那些词句、那些铅笔勾勒出的人脸和树木、由火车车窗偶然瞥见的身影、日常转瞬即逝的影像久久地萦绕在我们心头。当我们再抬起眼，我们会发现世界的美与荒延比任何时候都要明晰。"

　　为了向中国读者完整呈现《不确定宣言》的艺术思想、艺术风格和艺术成就，后浪将继续出版余下的六本，各卷（副书名均为后浪编辑所加）内容如下：

　　第 1—3 卷《本雅明在伊比萨岛》《本雅明在巴黎》《本雅明在逃亡》。以三卷本为瓦尔特·本雅明立传，讲述 1932 年后，居无定所的本雅明从西班牙伊比萨岛到巴黎，到关进涅夫勒的集中营，再到马赛，最终自决于比利牛斯山布港小镇的经历。

第 4 卷《不可救药的戈比诺》。描述法国贵族、精英主义者阿瑟·德·戈比诺的一生：从他令人绝望的种族主义思想，到他孤独地死在都灵的一个酒店房间里。作者同时重温并审视了 20 世纪 70 年代初自己在一所寄宿学校上学的青少年时代。

第 5 卷《凡·高画传》。对凡·高的孤独奇遇进行了全方位的描述。从他的家乡荷兰到奥维尔 – 瓦兹河畔，从伦敦、博里纳日、巴黎、阿尔勒，再到圣雷米，再现了凡·高生活中鲜为人知或被曲解的经历，特别是他的自杀，根据一个可能的凶手迟来的证词，我们可以重新审视。

第 6 卷《帕雅克之伤》。作者回顾了自己的童年和青春期，以严肃又幽默的笔触描述三个标志性事件：父亲的死，在西班牙发生的一场奇怪的车祸，在土伦海岸一个岛屿上的噩梦般经历。

第 7 卷《狄金森，茨维塔耶娃》。讲述 19 世纪的艾米莉·狄金森和 20 世纪上半叶的玛丽娜·茨维塔耶娃，两位充满传奇和悲剧的女诗人的人生故事。通过两个女人的勇敢一生，记录了在冷漠、敌意、审查制度下幸存下来的文学冒险：她们在形式、节奏、隐喻上动摇了文学秩序，创造出一种全新的诗歌艺术。

第 8 卷《记忆地图》。这是一份将传记、自传和小说交织在一起的作品，描述记忆的不确定性带来的痛苦和狂喜。通过两个私密性的故事，作者邀请我们踏上一段穿越瑞士阴暗风景的旅程。穿插在这些叙述中的是两幅人物肖像：一幅是作家莱奥托，在画家马蒂斯笔下永垂不朽；另一幅是历史学家勒南，他正经历一场重大的信仰危机。

第 9 卷《与佩索阿一起》。在最后一卷中，作者带领读者见证 20 世纪最著名的葡萄牙作家费尔南多·佩索阿的传奇一生，他的出生与成长，他的诸多"异名者"和作品，他隐身式的文职生活和一段柏拉图式的不幸恋情。其间穿插作者在撒哈拉沙漠、美国、中国和欧洲的冒险之旅。本卷汇集了不同的声音，传记与自传，旁白与自省，200 多幅图画形成迷宫般的叙事。